मुनाफे और बिक्री मे वृद्धि व ग्राहक के
विश्वास की सिद्धि की **5 ज़बरदस्त रणनीतियाँ**

AF354647

पारम्परिक

ज्वेलर

से

विरासती ब्रांड तक

मुनाफे और बिक्री मे वृद्धि व ग्राहक के
विश्वास की सिद्धि की **5** ज़बरदस्त रणनीतियाँ

# पारम्परिक ज्वेलर से विरासती ब्रांड तक

सौरभ ए. खंडेलवाल

Worldwide Published by
**Pendown** Press

**PENDOWN PRESS LLP**

**An ISO 9001 & ISO 14001 Certified Co.**
**Regd. Office** 3767A, Kanhaiya Nagar,
Tri Nagar, Delhi-110035
**Ph.:** 8130886000, 9650072927, 8595249536
**E-mail:** info@pendownpress.com
**Branch Office** 1A/2A, 20, Hari Sadan, Ansari Road,
Daryaganj, New Delhi-110002
**Ph.:** 011-45794768
**Website:** PendownPress.com

**First Edition:** 2023
**Price:** ₹ 499/-
**ISBN:** 978-93-5554-667-8




*Layout and Cover Designed by* Pendown Graphics Team
*Printed and Bound in India by* Thomson Press India Ltd.
*Translation by* Pendown Press Translation Team

यह पुस्तक मेरे पहले गुरु, परम पूजनीय माता-पिता श्रीमती कृष्णा और श्री अशोक खंडेलवाल जी को समर्पित है।

# विषयसूची

# प्राक्कथन

बड़े मुनाफे वाली आभूषण बिक्री की आकर्षक दुनिया में आपका स्वागत है। इस किताब में डिजाइन की कलात्मकता लोगों को अपनी चीज़ो को सुन्दरता के ढंग से दिखाने, उनकी शंकाओ का समाधान करने जैसी तमाम चीज़े हैं, जो आपके काम का लेवल बदल देगी। प्रस्तुत पुस्तक के माध्यम से आप एक परिवर्तनकारी यात्रा पर निकलेंगे और यात्रा के समापन तक आभूषणों की चकाचौंध भरी दुनिया में अपना सिक्का जमाने में सफल हो जाएंगे, सफलता के रहस्य जान पाएंगे।

'ज्वेलरी' एक ऐसा उद्योग है जिसमें मनमोहक शिल्प कौशल (क्राफ्ट्समैनशिप) और, शाश्वत सुंदरता पर बहुत फोकस होती है। इसमें प्रत्येक बहुमूल्य जेवेलरी को प्रभावी और आकर्षण ढंग से पेश करने के कौशल की आवश्यकता होती है, और यही कौशल खास और आम व्यवसायी के बीच अंतर को दर्शाता है। ज्वेलरी के बिज़नेस से जुड़ी महत्वपूर्ण टिप्स, ट्रिक्स, गूढ़ एवं महत्वपूर्ण बातें जानने, जाने-माने विशेषज्ञों की राय जानने के लिए यह पुस्तक आपके लिए आदर्श मार्गदर्शिका, गाइड साबित होगी। इन सबकी मदद से आप इस इंडस्ट्री में आम से खास बन जाएंगे, ज़्यादा मुनाफा कमाने की तरकीब जान लेंगे, ज्वेलरी मार्केट के लीडर बन जाएंगे ।

इस पुस्तक में वर्षों के ज्ञान, अनुभव और ज्वेलरी इंडस्ट्री रो जुड़े कई महत्वपूर्ण लोगों से मिली अत्यंत महत्वपूर्ण और दुर्लभ जानकारियों का समावेश है। यह कहना गलत नहीं होगा कि यह किताब एक ज्ञान का प्रकाश पुंज है जिसमें व्यवसायियों के लिए अपने सेल्स को बेहतर करने और उनके बिजनेस को बुलंदियों तक पहुंचाने के नायाब, अनूठे और अचूक तरीकों का वर्णन है। ग्राहकों की साइकोलॉजी को समझने से लेकर, कहानी सुनाने के जादुई प्रभाव तक, इस किताब का प्रत्येक चैप्टर पाठकों को 'वैल्यू' प्रदान करता है। इस पुस्तक के भीतर ज्वेलरी इंडस्ट्री में खुद को बढ़ाने, सवांरने और स्वर्णिम

सफलता के लिए अविश्वसनीय रूप से प्रभावी रणनीतियों और तकनीकों का वर्णन किया गया है।

"पारंपरिक ज्वेलर से विरासती ब्रांड तक" के लिए सेल्समैनशिप की सीमाओं से काफी आगे जाना पड़ता है। इसमें ग्राहकों से एक भावनात्मक रिश्ते बनाना, उनका भरोसा जीतना और उन्हें ऐसा अनुभव देना जो उन्हें सालों साल तक याद रहे, जैसी चीज़ें शामिल होती हैं। यह प्रत्येक बातचीत में प्रामाणिकता और आत्मीयता के महत्व पर जोर देता है, और हमें याद दिलाता है कि इस इंडस्ट्री में 'सफलता' का मतलब ग्राहकों को केवल ज्वेलरी बेच देने तक ही सीमित नहीं है, बल्कि उनके साथ एक स्थायी संबंध विकसित करना भी है।

अब चूँकि आप इस किताब को पढ़ने का लुफ्त उठाने को तैयार हैं, तो तैयार हो जाइये इस नवीन सोच से एक नए आयाम को आगाज़ देने के लिए, जबरदस्त सफलता हासिल करने के लिए और इस इंडस्ट्री में लोगों पर राज करने के लिए। इससे कोई फ़र्क नही पड़ता की आप इस इंडस्ट्री में नए हैं, यह पुस्तक आपके लिए तब भी प्रभावी होगी। आप चाहे नए व्यवसायी हों या दशकों पुराने, यह पुस्तक आपके लिए समान रूप से जादूई प्रभाव लाएगी और आपको 'ज़्यादा मुनाफा' कमाने के नए आयाम देगी।

मैं उनकी अमूल्य विशेषज्ञता को साझा करने के प्रति उनके समर्पण और प्रतिबद्धता के लिए लेखक की सराहना करता हूं, और सभी महत्वाकांक्षी ज्वेलर्स के लिए इस व्यापक संसाधन को प्रस्तुत करने के लिए मैं उनके प्रति अपनी हार्दिक कृतज्ञता व्यक्त करता हूँ। मैं इसको लेकर आश्वस्त हूँ कि यह पुस्तक आपको इस इंडस्ट्री में ज़्यादा मुनाफा कमाने, अपनी कौशल का नया रंग देने और एक बड़ी सफलता का डंका बजाने के लिए हमेशा प्रेरणादायक साबित होगी ।

आपको एक परिवर्तनकारी और समृद्ध यात्रा की शुभकामनाएं!

~ **ललित मूसल**
मोतीसंस ज्वेलर्स, जयपुर

# प्रस्तावना

प्रस्तुत पुस्तक ज्वेलर्स को समर्पित शायद एकमात्र प्रामाणिक पुस्तक है। यह चार से भी अधिक वर्षों के कठिन प्रयासों का परिणाम है। यह पुस्तक पिछले पच्चीस वर्षों में लेखक सौरभ ए. खंडेलवाल द्वारा किए गए शोध और विश्लेषण पर आधारित 'सीरीज' का पहला भाग है। श्री खंडेलवाल  भारत के पहले खुदरा जौहरी (कीमती पत्थरों की परख रखने वाला) लेखक  हैं। वर्षों की कड़ी मेहनत और परिश्रम से जो ज्ञान उन्होंने अर्जित किया है, उसे अब इस पुस्तक में न्यूनतम योजना और प्रयासों के साथ तुरंत लागू करने के लिए सबसे व्यावहारिक तरीके से प्रस्तुत किया गया है। इस पुस्तक के माध्यम से आप अपने मनचाहा परिणामों को बहुत तेजी से और कुशलतापूर्वक पा सकेंगे। पूरी पुस्तक में आपको कुछ सरल अभ्यास या ऐसी चीज़ें मिलेंगी जो आपको उपयोग में आसान तरीके से मार्गदर्शन करने के लिए डिज़ाइन की गई हैं।

मुझे आपके परिवर्तन, सफलता और विकास की अपनी यात्रा का हिस्सा बनाने के लिए धन्यवाद।

यदि इस पुस्तक से संबंधित आपके प्रश्न हैं तो आप सीधे मुझसे संपर्क कर सकते हैं:

E-mail : ceo@dhanvidiamond.com

हम ईश्वर से प्रार्थना करते हैं कि इस किताब को पढ़कर और इसका अनुकरण करके आप आनंद और सफलता का अनुभव करेंगे।

~ सौरभ ए. खंडेलवाल

# लेखक के बारे में

"सौरभ ए. खंडेलवाल, DHANVI डायमंड के CEO हैं। एक रत्न विशेषज्ञ और व्यवसायी के रूप में इनका करियर काफी उपलब्धियों और सम्मान से भरा रहा है। उनके पिता, श्री अशोक खंडेलवाल जी, ने अपने पिता के आभूषण व्यापार को एक वास्तविक स्टोर में विस्तारित किया। उन्होंने चांदी के आभूषणों की होलसेल व्यापार की शुरुआत की, नई ट्रेडमार्क "ओ.एम. जे.65" (भारत भर में चांदी व्यापार का प्रतिष्ठित ट्रेडमार्क) स्थापित की, और चांदी की शुद्धता के एक नए युग की शुरुआत की।"

जब सौरभ के पिता अपना खुदरा आभूषण स्टोर चला रहे थे, सौरभ भी इस इंडस्ट्री में अपना भविष्य बनाने का सपना सजा रहे थे। कॉमर्स से पढ़ाई करने के बाद लेखक ने लॉ की डिग्री हासिल की और उसके बाद वर्ष 1999 में उन्होंने प्रतिष्ठित संस्थान आई.आई.जी. और आई.जी.आई. से जेमोलॉजी और डायमंड ग्रेडिंग में डिप्लोमा हासिल किया। इस तरह से वे ज्वेलरी इंडस्ट्री में  उत्कृष्टता हासिल कर वर्ष 1998 में अपने पिता के साथ जुड़ गए और इस तरह उन्होंने आभूषण उद्योग में  आधिकारिक रूप से कदम रखा।

वर्ष 2001 में, सौरभ ने अपना पहला आभूषण खुदरा स्टोर, "गेहना" शुरू किया।

वर्ष 2002 में, उन्होंने इंटरनेशनल जेमोलॉजिकल इंस्टीट्यूट से डायमंड ग्रेडिंग डिप्लोमा के साथ अपनी जेमोलॉजी विशेषज्ञता में  और भी  डिग्री हासिल किया। इसने उन्हें वर्ष 2003 में हीरा विनिर्माण और व्यापार में प्रवेश करने में सक्षम बनाया, जिससे हीरा आपूर्ति व्यवसाय में उनकी सफलता का मार्ग प्रशस्त हुआ। उन्होंने व्यवसाय को बेहतर बनाने के लिए अपने व्यापक प्रशिक्षण और क्षमताओं का उपयोग किया और ऐसे विशेषज्ञ कारीगरों को

खोजा जो उनकी विशेषज्ञता के अनुरूप हो सके । वर्ष 2007 में उन्होंने B2B ब्रांड "DHANVI" शुरू किया।

वर्ष 2020 में उन्होंने हीरे के आभूषण निर्माण इकाई की स्थापना की। 2022 में उन्होंने अपने नए हीरे के आभूषण ब्रांड "PREMIO" के लॉन्च के साथ एक और उपलब्धि जोड़ दी, जो कामकाजी लोगों को विशेष रूप से ध्यान में रखकर तैयार किया गया है।

25 वर्ष के अपने सफलतापूर्ण करियर में सौरभ ने आभूषण उद्योग के सभी क्षेत्रों में कई नए प्रयोग किए हैं, जो की काफ़ी सफल रहे हैं । लेखक ने मैन्युफैक्चरिंग, ट्रेडिंग और रिटेलिंग जैसे क्षेत्रों में सफलता के नए आयाम स्थापित किए हैं।

आज 'DHANVI' और 'PREMIO' के प्रोडक्ट्स भारत के 50 शहरों में 200 से अधिक आभूषण दुकानों पर उपलब्ध हैं।

उन्होंने वर्ष 2017-18 के दौरान वित्तीय स्वतंत्रता (financial freedom) पर कई सेमिनार और वर्कशॉप आयोजित और प्रबंधित किया। वर्ष 2020 में, उन्हें एमिटी यूनिवर्सिटी के एक बिजनेस समिट में मुख्य अतिथि के रूप में सम्मानित किया गया । उनकी उपलब्धियों को विभिन्न समाचार चैनलों, समाचार पत्रों और पत्रिकाओं के माध्यम से देखा और पढ़ा जा सकता है।

एक व्यक्ति और एक लीडर के रूप में उनकी उपलब्धियाँ DHANVI डायमंड को चलाने के तरीके में अच्छी तरह से दिखाई देती है। ऐसी विशेषज्ञता के साथ, लीडर लेखक न केवल अपनी कंपनी के लिए बल्कि इससे जुड़े प्रत्येक व्यक्ति के लिए उत्कृष्टता सुनिश्चित करते हैं।

उनकी कंपनी की संस्कृति उनके ऊँचे आदर्श और नैतिकता को व्यक्त करता है।

# यह पुस्तक किसके लिए है?

- कोई भी जौहरी/ व्यवसायी जो एक आभूषण शोरूम या कई आभूषण दुकानों का मालिक है।
- कोई भी जौहरी जो घर से काम कर रहा है।
- कोई भी जौहरी/ व्यवसायी जो आभूषण शोरूम खोलने का इच्छुक है।
- वह व्यापारी जो अपने आप को फैमिली ज्वैलर से लीजेंड जेवेलर बनाना चाहते हैं

हालाँकि यह पुस्तक आभूषण खुदरा क्षेत्र को ध्यान में रखते हुए लिखी गई है, लेकिन इसमें जिन बुनियादी सिद्धांतों और मनोविज्ञान पर चर्चा की गई है, वे किसी भी खुदरा उद्योग पर समान रूप से लागू होंगे। चूँकि, पुस्तक में चर्चा किए गए विषय बड़े तौर पर ग्राहक की मानसिकता को बेहतर से बेहतर ढंग से समझने पर केंद्रित हैं, इस पुस्तक का ध्यानपूर्वक अध्ययन निश्चय ही व्यवसायी पाठकों को ग्राहकों का विश्वास और विश्वसनीयता हासिल करने में मदद करेंगे, जिसके परिणामस्वरूप ग्राहकों की संख्या में वृद्धि होगी, मुनाफ़ा बेहतर होगा और फिर जल्द ही ऐसा समय आएगा जिससे मोटा मुनाफा आना शुरू हो जाएगा।

# इस पुस्तक की उपयोगिता क्या है?

किसी भी किताब को पढ़ने से पहले यह समझना ज़रूरी है कि आप अपना समय क्यों और कहाँ निवेश कर रहे हैं और क्या आप इस किताब को पढ़ने के बाद कुछ महत्वपूर्ण हासिल कर पाएंगे?

इस किताब को पढ़ने के बाद आप...

- अपने आप को एक ब्रांड बना सकेंगे।
- आपके ब्रांड की उपस्थिति बढ़ाने के लिए 5 तकनीकें जान पाएंगे।
- ग्राहकों की साइकोलॉजी और उनके खरीदारी करने का पैटर्न समझ जाएंगे ।

यदि पूरी तन्मयता और लगन के साथ इसे लागू किया जाए तो इससे निम्नलिखित उपलब्धियां हासिल होंगी:

- बिक्री और ग्राहकों के प्रवाह पर बेहतर नियंत्रण।
- 6 महीने के भीतर अपने ग्राहकों की संख्या में 40% तक की बढ़ोतरी।
- 6 महीने के भीतर अपने मुनाफे  में 40% तक की बढ़ोतरी ।
- अपने आप को एक ब्रांड में  बदल सकेंगे।

आपकी वर्तमान स्थिति की अधिक स्पष्ट तस्वीर देने के लिए पुस्तक में कुछ अभ्यासों को भी शामिल किया गया है । यदि आप इन सभी अभ्यासों को पूरा करते हैं, तो मैं आपको आश्वस्त करता हूँ कि आप निश्चय ही अपने आभूषणों की बिक्री, ग्राहकों की संख्या में वृद्धि और मुनाफा बढ़ाने के आपके सभी लक्ष्यों को प्राप्त कर लेंगे।

मैं आपको इस यात्रा के लिए शुभकामनाएं देता हूँ।

# आभार

इस पुस्तक के लेखन के दौरान, मुझे लगातार मिले समर्थन और प्रेरणा के लिए मैं गहरा आभार व्यक्त करता हूँ।

मैं अपनी पत्नी नेहा और दोनों बच्चों धानवी और कुशाग्र को धन्यवाद देना चाहता हूं, क्योंकि यह उनका समय था जो उन्होंने मुझे अपना शोध पूरा करने और इस पुस्तक को लिखने के लिए दे दिया।

मेरे परम मित्र अनिल बंसल का भी धन्यवाद जिन्होंने पहले दिन से ही मुझे निरंतर मार्गदर्शन और समर्थन दिया है। मेरी इच्छा और आकांक्षाओं को बनाए तथा मुझे प्रेरित रखने के लिए मैं मेरे छोटे भाई क्षितिज और जीवन भर के दोस्त सौरभ तांबी के प्रति अपना आभार व्यक्त करता हूँ। और साथ ही, मैं अपने सभी दोस्तों और परिवार जानो को उनके निरंतर समर्थन, प्यार और स्नेह देने के लिए तहे दिल से शुक्रिया अदा करना चाहता हूँ।

मेरे उन सभी ग्राहकों का मैं दिल की गहराइयों से शुक्रगुज़ार हूँ जिन्होंने इस पुस्तक के लिए अपनी बहुमूल्य राय रखी ।

अंत में, मैं अपने विभिन्न गुरुओं के प्रति हार्दिक आभार व्यक्त करना चाहूंगा। जिनकी वजह से आज मैं आपको कुछ देने में सक्षम हो पाया हूँ। मैं आज जो कुछ भी हूँ, यह उन सबके सबके ज्ञान और योगदान की वजह से हूँ।

और आखिर में उन सभी लोगों के प्रति भी आभार व्यक्त करता हूँ, जिनका मैंने उल्लेख नहीं किया है लेकिन उन्होंने मेरे जीवन में कहीं न कहीं अपनी छाप छोड़ी है।

# महत्वपूर्ण तथ्य

## मेरा विजन

भारत और दुनिया भर में 1,00,000 ज्वेलर्स को सशक्त बनाना और उन्हें संगठित ज्वेलरी चेन स्टोर के रूप में स्थापित करना ।

## मेरा मिशन

T.R.U.S.T. फ्रेमवर्क की सहायता से असंगठित आभूषण क्षेत्र को अधिक सफल और विकसित  करने का प्रयास।

## मेरा लक्ष्य

ग्राहकों की संख्या में 40% की वृद्धि करना और सरल लेकिन प्रभावी तरीकों से प्रत्येक जेवेलरी दुकान को प्रति वर्ष 40% लाभ वृद्धि हासिल करने के काबिल बनाना।.

# अध्याय - 1

# आरंभ

मैं बहुत ही साधारण परिवार से आता हूँ । राजस्थान में 'हरसोली' नाम का एक छोटा  सा गांव है, जहां मेरे पिता का बचपन बीता। बाद में वे दिल्ली के पहाड़गंज क्षेत्र में आ गए। मेरे दादाजी सर्राफ कारोबारी(सोने-चाँदी, कीमती पत्थर खरीदने, बेचने  वाले) थे। सब कुछ ठीक चल रहा था लेकिन, अचानक कुछ ऐसा हुआ जिसने मेरे परिवार को पूरी तरह से झकझोर कर रख दिया। मेरे दादाजी की आकस्मिक मृत्यु  हो गई और पूरे परिवार पर घोर संकट आ गया। दादाजी अपने पीछे अपनी पत्नी (मेरी दादी जी), और तीन बेटे छोड़ गये थे। मेरे पिता हालाँकि सबसे बड़े थे, लेकिन वे भी तब महज 18 साल के , बी. कॉम के छात्र थे।

मेरे दादा जी की मृत्यु के बाद, हमारे परिवार के सामने अपना गुजर बसर चलाने तक की चुनौती आ गई थी। क्यूंकि कमाने वाला एक  ही था, और वही नही रहा। लेकिन  शायद मेरे दादाजी को अपने साथ कुछ अनहोनी का आभास हो गया था, इसलिए उन्होंने अगले छह माह के लिए खाने-पीने का सामान एवं करीब 700 रुपये छोड़ गए थे।   दादी जी के अलावा अगर किसी को घर चलाने की ज़िम्मेदारी थी तो वो थे मेरे पिताजी। दादी जी भी मेरे पिता पे ही आस लगाए थी की ये कुछ न कुछ रास्ता निकाल लेगा, अपने परिवार को पटरी पर ले आएगा। इधर मेरे पिताजी की बेचैनी दिन ब दिन बढ़ती जा रही थी, उन्होंने अपने दोस्तों, रिश्तेदारों से उन्हें काम देने का अनुरोध करने लगे, काम की जरूरत की वजहें बताई, लेकिन  सभी ने मुँह फेर लिए। कोई भी दोस्त, रिश्तेदार मेरे पिता की मदद करने के लिए नहीं आया।

अंततः उन्होंने अपने आप ही  कोई छोटा-मोटा काम  करने का निश्चय किया। कई वर्षों तक उन्होंने लक्ष्मी कमर्शियल बैंक में क्लर्क के रूप में काम

किया और साथ ही सर्राफ बाज़ार में पार्ट टाइम जॉब भी किया लेकिन ये एहसास उनको परेशान कर रहा था की सिर्फ एक नौकरी से कुछ नहीं होने वाला है। लेकिन अब इन दो कामों से भी परिवार की खस्ता हालत बेहतर नहीं हो पा रही थी। इसलिए तब उन्होंने अपनी माँ और 2 छोटे भाइयों की बढ़ती जरूरतों को पूरा करने के लिए बिज़नेस करने की ठान ली।

उन्होंने कुछ 'लोन' लिए, एक दुकान किराए पर ली और एक छोटी रिटेल ज्वेलरी की दुकान शुरू की। मैंने अपने पिता को अपने पूरे जीवन, अपने परिवार के बेहतर भविष्य के लिए अपना खून पसीने की तरह बहाते देखा है।

आज पिता जी को अपना शोरूम चलाते हुए 45 साल हो गए हैं। इन वर्षों में वे काफी सफल रहे, उन्होंने हमारे और उनके भाइयों के लिए घर बनाए, उन सबके लिए तथा स्वयं के लिए आभूषण व्यवसाय में स्थान बनाया। उन्होंने अपने दोनों बच्चों की शानदार परवरिश की है। आज उन दोनों का काफ़ी फलता-फूलता स्वतंत्र कारोबार है।

मुझे याद नहीं कि पिता जी कभी हमारे साथ लंबी छुट्टियां मनाने गए हों। वे अपनी दिनचर्या से बाहर नहीं निकल पा रहे थे। जब भी वे थोड़े समय के लिए भी अपना शोरूम छोड़ते थे, काम बंद हो जाता था और सब कुछ ठप पड़ जाता था। आज भी उनकी दिनचर्या कमोबेश ऐसी ही बनी हुई है।

इन 45 वर्षों में कड़ी मेहनत और अनुभव प्राप्त करने के बाद भी उनके ग्राहकों की संख्या में गिरावट आई थी खास तौर पर कोविड के बाद और उन्हें समझ नहीं आ रहा था कि आगे क्या करना है । लेकिन समय के साथ उन्होंने अपने आपको एक मानसिक आरामदायक स्थिति में ले आए थे, और अब वे इससे बाहर नही निकलना चाहते हैं।

मेरे लिए भी जिंदगी की राह आसान नहीं थी। चूँकि मेरा जन्म और परिवरिश एक संयुक्त परिवार में हुआ, इसलिए मुझे उतना अवसर या अटेंशन नहीं मिला, जो आम तौर पर बच्चों को मिला करता है। यह मेरे लिए हमेशा से अस्तित्व की लड़ाई थी। मुझे केवल शब्द याद हैं: अभी नहीं, हम इसे बाद में देखेंगे, इसे बाद में खरिदेंगे, हम इसे अगले साल लेंगे वग़ैरह वग़ैरह ...।

मैंने यही सुना की कमाने के लिए बहुत मेहनत और त्याग करने की आवश्यकता होती है । इसलिए मैंने बिना समय गंवाए, परिवार या दोस्तों के बारे में सोचे-समझे, दर्द की परवाह किए वो सब कुछ करना शुरू कर दिया, जो मेरे हिसाब से मेरे लिए बनी थी। मैंने कई वर्षों तक बिना थके, निस्वार्थ भाव से काम किया।

मैंने चांदनी चौक में 30 वर्ग फुट के ऑफिस से ज्वेलरी सप्लाई का बिजनेस शुरू किया। मेरे कार्यालय में एक समय में मेरे दोनों हाथों को फैलाने के लिए भी जगह पर्याप्त नहीं थी। मैंने लगभग 25 अंगूठियों, 10 झुमके, 5 पेंडेंट और 30 नोज-पिन के बहुत ही कम स्टॉक के साथ डायमंड ज्वेलरी की आपूर्ति शुरू की और साल-दर-साल, सीमित ज्ञान, विभिन्न असफलताओं, बिना कोई सपोर्ट सिस्टम और मार्गदर्शक ना होने के बावजूद मैं आगे बढ़ता चला गया।

मैंने भी सब कुछ संघर्ष से ही सीखा। जिंदगी मुझे सबक सिखाती रही, मैं सीखता रहा और उस पर अमल करता रहा। मैं त्याग करता रहा और बदले में बिना कुछ चाहे वगैर ही मेहनत करता रहा। लेकिन मैंने एक बात सुनिश्चित की, कि साल-दर-साल मेरा कारोबार बढ़ता रहे। लेकिन मैंने सफलता के साथ अपने सीखने की रफ़्तार को कम नही होने दिया। किसी ने ठीक ही कहा है, "सीखना एक प्रक्रिया है, यह कभी थमना नहीं चाहिए।" और उस उक्ति को मैंने जीवन में भी लागू किया है । मेरे सीखने की यह प्रक्रिया अभी भी जारी है।

आज हमारे पास भारत भर में लगभग 200+ ज्वेलरी स्टोर के ग्राहकों का एक मजबूत आधार है, जिनकी उपस्थिति 50 से अधिक शहरों में है और इसकी संख्या हर रोज बढ़ रही है। हमारी उपस्थिति विभिन्न प्रिंट मीडिया, समाचार चैनलों और अन्य प्रकाशनों के माध्यम से देखी जा सकती है। 'DHANVI' और 'PREMIO', दोनों जाने-माने B2B ब्रांड हैं। हम भारत की पहली कंपनी हैं जिसने T.R.U.S.T. फ्रेमवर्क 5.0  की शुरुआत की है।

# अध्याय - 2

# एहसास

## साल 2019 और अचानक पड़ी कोविड की मार

कोविड मेरे तथा मेरे जैसे अन्य व्यापारियों के लिए एक बड़ा झटका बनकर आया। बिक्री तथा कमाई दोनों ख़त्म - सी हो गई। कोविड के 2 साल बाद भी, मैंने महसूस किया कि आभूषणों की बिक्री अभी भी नहीं बढ़ रही थी जबकि खर्च दोगुने हो चुके थे। परिणाम स्वरूप मेरा व्यापार जल्द ही घाटे में चला गया। कमाने के बजाय हम हर दिन पैसे गंवा रहे थे। फिर एक ऐसी घटना घटी जिसने मुझे अंदर तक झकझोर कर रख दिया। मेरा एक आभूषण शिल्पकार(jewellery craftsman) मेरे सारे गहने लेकर रातोंरात गायब हो गया। मेरे लिए यह किसी सदमे से कम नहीं था। ग्राहकों का जो विश्वास मेरे उपर था, वो धीरे धीरे कम होने लगा, सभी ग्राहकों ने भुगतान में देरी करना शुरू कर दिया, भुगतान में देरी के कारण पैसों का प्रवाह थम सा गया और परिस्थितियां बिल्कुल उलट सी गईं।

एक दिन शाम को मैं वैसे ही अपनी परिस्थितियों से मायूस किसी उधेड़बुन मैं बैठा सोच रहा था—' चीजें इतनी भी बुरी नहीं होनी चाहिए थी, जितनी की हो गयी हैं। आखिर मुझसे कहाँ पर गलती हो गई की ये दिन देखना पड़ा। मैंने फिर अपने आपको तसल्ली दी, आत्मविश्वास बनाने की ठानी और ग्राहकों से बात करने का मन बनाया।

मैंने अपने ग्राहकों से बात करना शुरू किया और पाया की उनकी भी स्थिति कमोबेश मेरी जैसी ही थी। उनकी बिक्री भी कम हो गई थी, मासिक खर्च दोगुना हो गया था और मुनाफा बुरी तरह प्रभावित हुआ था। मेरी निराशा तथा मेरे सवालों का जवाब देने वाला कोई नहीं था और अपनी स्थिति से बाहर आने के लिए मेरे पास कोई रास्ता नज़र नहीं आ रहा था।

नवंबर का महीना था और दिवाली अभी गुजरी थी । यह सर्राफा व्यापारी के लिए बंपर सीजन होना चाहिए था लेकिन ऐसा नहीं था । मैं अपने एक मित्र के साथ बैठा था, जिसके पास 2,000 वर्ग फुट का ज्वैलरी शोरूम है और पिछले 35 साल से वह इस क्षेत्र में काम कर रहा है। उसके पास एक काफी अच्छा शोरूम, बड़ा कारखाना तथा ग्राहकों की अच्छी-खासी संख्या थी । लेकिन फिर भी उसके ज्वेलरी की बिक्री गिर रही थी और मुनाफा कम होता जा रहा था। फिर भी उसे भरोसा था कि बाजार में जल्द ही उछाल आएगा क्योंकि वह आगे आने वाले शादी के सीजन में बाजार के उछाल की उम्मीद कर रहा था।

इसी तरह से 3 महीने और बीत गए...।

अभी पिछले हफ्ते मैं फिर अपने उसी व्यापारी दोस्त  के साथ बैठा था। इस बार भी मैंने उसे उसी चिंता में डूबा पाया,वह उदास और मायूस था। वह भी समझ नही पा रहा था की आख़िर उसके काम में क्या चूक हो रही  है.... उसके चेहरे से चिंता, उदासी और हताशा  स्पष्ट दिखाई दे रही थी।

हालांकि अब यह सब पिछले कुछ महीनों में एक आम बात हो गई है। जब भी मैं अपने किसी भी  ज्वेलरी व्यवसायी से बात करता हूँ, उन सब का बस यही  कहना होता है--- कुल बिक्री कारोबार नीचे जा रहा है, मुनाफा दिन-ब-दिन कम हो रहा है, क्या करूँ बहुत तनाव में हूँ। चाहे वे पारिवारिक जौहरी हों, या फिर 5 साल से लेकर 50 साल से इस व्यवसाय से जुड़े हों, सब बाजार में अपनी पकड़ खो रहे थे।  हम सब  सर्राफा व्यापारियों का हाल एक जैसा ही था क्योंकि लगभग हम सब फाइनेंस, फंडिंग, सप्लायर क्रेडिट से अपनी किस्मत को जोड़े बैठे थे, और उनकी वजह से हमारा ये हाल हो गया था।

बात सिर्फ यही तक सीमित नहीं थी बल्कि उनके ग्राहकों की संख्या भी कम हो रही थी और तो और नए ग्राहकों की संख्या में जबरदस्त गिरावट आई थी और मेरे साथ-साथ बाँकी के लोगों को भी आगे क्या करें, यह सूझ नहीं रहा था।

सवाल अभी भी हमारे सामने तस का मस  खड़ा था---

ऐसी अभूतपूर्व स्थिति को कैसे ठीक करें?

कहाँ से शुरू करें और आगे का रास्ता क्या है?

# अध्याय - 3

# बिजली की चमक

प्र.    मैंने जब भी किसी से पूछा कि ऐसा क्यों हो रहा है?

प्र. आभूषणों के दैनिक व्यापार या उद्योग को क्या हो रहा है?

मुझे इस व्यापार में आई गिरावट के बड़े ही सामान्य उत्तर मिले। किसी ने कहा कोविड है तो, कोई नोटबंदी को दोष दे रहा था, वहीं कोई अत्यधिक उत्पाद शुल्क और जीएसटी को इसके लिए ज़िम्मेदार ठहरा रहा था।

लेकिन मुझे अब भी विश्वास नही हो पा रहा था। मैं मन ही मन  सोचते रहता था। क्या कोविड के कारण ऐसा हुआ, या एक्साइज ड्यूटी, या फिर नोटेबंदी या कुछ और कारणों की वजह से। अचानक मेरी नज़र एक समाचार पे पड़ी। उसमें लिखा था टाइटन के ज्वेलरी विंग ने  वित्तीय वर्ष 2022 में बिक्री में 20% की छलांग लगाई।

यह देखते ही मेरी आँखों के सामने बिजली सी कौंध गयी।

मैंने ज्वैलरी क्षेत्र में अन्य ज्वैलरी ब्रांड की जाँच की और उनके भी परिणाम मुझे आश्चर्यजनक लगे। एक अन्य प्रमुख ज्वेलरी ब्रांड "मालाबार" ने वित्तीय वर्ष 2022 में 35% की भारी वृद्धि दर्ज की और जैसा कि मैंने अन्य समाचार पत्रों के माध्यम से भी का पता लगाया, चीजें आश्चर्यजनक थीं क्योंकि अधिकांश प्रमुख ब्रांडों की कहानी लगभग  एक  जैसी थी, वे सभी हर साल लगभग 30% या उससे अधिक की दर से बढ़ रहे थे।

अब मेरा खून और विचार दोनों दो गुना तेज़ी से दौड़ने लगा था, मैं यह समझने की कोशिश कर रहा था कि यह क्या हो रहा है?

मन में बहुत सारे सवाल  एक साथ कौंधने लग गए थे.....

ये ब्रांड ऐसा क्या कर रहे हैं कि उनकी प्रॉफिट इस समय भी बढ़ रहा है जबकि पारिवारिक ज्वेलर्स आसमान से ज़मीन पर आ गए हैं...।

- क्या इसके लिए कोविड जिम्मेदार है?

- क्या इसके लिए सरकार की नीतियां जिम्मेदार हैं?

- किस चीज़ की कमी हो रही है?

- क्या ज्वेलरी बिज़नेस में कोई बड़ा बदलाव आ गया है जिससे हमलोग अनजान हैं?

- क्या इसके जिम्मेदार एच.यू.आई.डी. या फिर जी.एस.टी. है?

- या कुछ और है?

मैं हैरान था कि मेरे पास अपने सवालों के ही जवाब देने के लिए कुछ नहीं था...

अध्याय - 4

# एक विचार जिसने
# दुनिया बदल दी

मेरे लिए इन तथ्यों को पचा पाना आसान नहीं था: ये ब्रांड इतनी तेज़ी से कैसे बढ़ रहे हैं जबकि हम सबके सामने इतनी बड़ी चुनौती है?

जब भी ऐसे विचार आते थे तो ऐसा लगता था कि मेरे दिमाग ने काम करना बंद कर दिया है और मैं डूबने लगा हूँ।

मैंने खुद से सवाल करना शुरू किया:

ज्वेलरी मार्केट में यह क्या उथल-पुथल चल रही है?

मैं इसका कारण जानने की पुरजोर कोशिश कर रहा था।

मैं इसी उधेड़बुन में था कि मेरी नजर एक रिपोर्ट पर पड़ी। यह रिपोर्ट बिजनेस स्टैंडर्ड अख़बार की वेबसाइट पर प्रकाशित हुई थी। यह रिपोर्ट एच.डी.एफ.सी. सिक्योरिटीज (भारत का नंबर 1 बैंक) ने तैयार की थी। इस रिपोर्ट ने मेरी आँखें खोल दी।

इस रिपोर्ट में लगभग 15 बड़े ब्रांडों की बाज़ार-हिस्सेदारी में वृद्धि के आंकड़ों का स्पष्ट रूप से उल्लेख किया गया था। जब मैंने आंकड़ों पर नजर डाली तो मेरे पाँव तले जमीन खिसक गई। इन बड़े 15 ब्रांडों ने पिछले 7 वर्षों में अपनी बाज़ार-हिस्सेदारी 23% से बढ़ाकर 42% कर ली थी, जिसका मतलब है कि हर साल उन्होंने अपनी बाज़ार हिस्सेदारी में लगभग 9% प्रतिवर्ष की वृद्धि दर्ज की थी। यह सनसनीखेज था, उनका सिर्फ मुनाफा ही नहीं बढ़ रहा था, बल्कि बाज़ार में उनकी हिस्सेदारी भी बढ़ी थी।

अब मेरे दिमाग में एक प्रश्न कौंधा: लेकिन आख़िर कैसे?

## ON A TRUSTED PATH
### Bifurcation of jewellery markets (%)

| Year | Organised* | Unorganised |
|------|-----------|-------------|
| 2016 | 23.2 | 76.8 |
| 2017 | 24.3 | 75.7 |
| 2018 | 29.2 | 70.8 |
| 2019 | 30.9 | 69.1 |
| 2020 | 33.0 | 67.0 |
| 2021 | 35.6 | 64.4 |
| 2022 | 38.5 | 61.5 |
| 2023 | 41.7 | 58.3 |

*Organised players include:* Tanishq, PC Jeweller, Tribhovandas Bhimji Zaveri, Thangamayil, GRT, Joyalukkas, Kalyan, Malabar, P N Gad gil & Sons etc. (and eight others)   *Source: HDFC Securities*

और किस कीमत पर?

मैं अब पूरी कंफ्यूजन की स्थिति में था, थकावट सी होने लगी थी। मैं बैठ गया और अपने सवालों के जवाब खोजने लगा और कई दिनों तक डेटा की खोज और विश्लेषण करने के बाद, मैं इस निष्कर्ष पर पहुँचा कि वास्तव में सभी पारिवारिक/पारम्परिक जौहरियों का न केवल मुनाफा काफ़ी कम हुआ है और जिनकी बड़ी- बड़ी दुकाने हैं वे भी बाजार में अपनी हिस्सेदारी खो रहे हैं, बल्कि वास्तव में उनको रोज घाटा हो रहा है, और यह घाटा थोड़ा-बहुत नहीं बल्कि कम से कम ₹33 लाख prati varsh का है। और इससे भी बड़ी बात यह है कि यह आंकड़ा छोटे जौहरियों (आभूषण व्यापारियों)

के लिए है, किसी मंझोले या बड़े आभूषण स्टोर के लिए यह घाटा और भी अधिक हो सकता है।

यकीन करना मुश्किल है...... लेकिन यह सच है।

आपको यह स्थिति समझने में मदद करने के लिए मैं यहाँ एक 'एक्सरसाइज' बताने जा रहा हूँ। इससे आपको पूरी स्थिति समझ आएगी।

बस इस अगले पृष्ठ पर दी गई 'एक्सरसाइज' पूरी करें और आपको अपने आँकडें मिल जाएंगे। आप अंदाज़ से भी आँकड़े दे सकते हैं। जरूरी नहीं है कि बिल्कुल सटीक आँकड़े दिए जाएं, क्योंकि परिणाम लगभग एक जैसा ही आएगा। यह आकलन सोने और हीरे के आभूषणों के आधार पर किया गया है। समझने और गणना करने में हमें आसानी हो, इसलिए हम चांदी के आभूषण शामिल नहीं कर रहे हैं।

## एक्सरसाइज 1.1

| ज्वेलर की स्थिति जानने के लिए एक एक्सरसाइज | एक दिन | एक हफ्ता | एक साल |
|---|---|---|---|
| 1. | आने वाले ग्राहकों की संख्या/ दिन | | | |
| 2. | औसत विक्रय / ग्राहक | | | |
| 3. | कुल बिक्रय (क*ख) | | | |
| 4. | औसत लाभ की दर (%) | | | |
| 5. | औसत हानि @ ९ % | | | |
| 6. | कुल हानि | | | |

अब मेरे दोस्त मुझे बताओ, आप और कितने साल अपना ज्वेलरी शोरूम चलाना चाहते हैं?

A.  वर्षों की संख्या लिखें: ________________

B.  व्यवसाय से प्रतिवर्ष होने वाले नुकसान को लिखें

________________________

## X (इन) वर्षों में हुआ कुल नुकसान (A x B को गुणा करें)

________________________

यही सच्चाई है। मेरी निष्पक्ष जानकारी के अनुसार यह एक न्यूनतम आंकड़ा है और 9% बाज़ार-हिस्सेदारी की यह दर तेजी से आगे बढ़ने वाली है, क्योंकि टेक्नोलॉजी की गति, सरकार की नीतियाँ, और अन्य कारक (factors), बड़े व्यवसाइयों के पक्ष में होते हैं, समय के साथ उनके विकास का पहिया दुगनी रफ़्तार से घूमेगा।

# अध्याय - 5

# बड़ा सवाल

## क्या करें?
## कैसे करें?

चिंता बढ़ती रही, एक अन्य रिपोर्ट से पता चला कि हर साल यह वृद्धि निश्चित रूप से दोगुनी होगी ।

अब जो मैं बताने जा रहा हूँ वह सिर्फ एक कथन या स्टेटमेंट नहीं, बल्कि सत्य है: 5 साल में ज्वेलरी सेक्टर का इतिहास फिर से लिखा जाएगा। जिस तरह आभूषणों को बेचा और खरीदा जाता है, वह व्यवस्था पूरी तरह बदलने वाली है। बाज़ार और मेरा रिसर्च कहता है कि अगले 5 वर्षों में बड़ा बदलाव आएगा और संगठित व्यापारियों (ब्रांड) की बाज़ार-हिस्सेदारी भारतीय बाज़ारों के 80% तक पहुँच सकती है और इन सबका नुकसान 'लोकल' जौहरी को उठाना होगा। जहाँ बड़े-बड़े ब्रांड तरक्की करते रहेंगे, ये जौहरी दिन-ब-दिन घाटे में जाते रहेंगे।

## बाज़ार असंगठित से संगठित क्षेत्र की ओर जा रहा है

मुझे अब मानो सब कुछ समझ में आने लगा था। मुझे ज्वेलरी उद्योग में हो रही उठा-पटक और कुछ खास लोगों की अविश्वसनीय तरक्की का कारण स्पष्ट रूप से पता चलने लगा था। मेरे दिमाग में मानो चार गुना रफ़्तार से खून दौड़ने लगा था। अब मैंने अपना रिसर्च शुरू कर दिया, अपने सवालों के जवाब खोजने लगा।

मैंने इसकी गहराई से पड़ताल करनी शुरू कर दी और यह खोजने में लग गया कि बाजार में इस बड़े बदलाव के क्या कारण हैं।

अपनी रिसर्च से मैं यह पता लगाने की कोशिश कि ये बड़े ब्रांड क्या बेच रहे हैं...।

- क्या वे सर्वश्रेष्ठ डिज़ाइन बेच रहे हैं?

- क्या वे अपने ग्राहकों को सबसे कम कीमत पर बेहतरीन प्रोडक्ट दे रहे हैं?

- क्या वे सभी छोटी- बडी सेवाएं दे रहे हैं जैसा कि एक पारिवारिक जौहरी देता है?

- क्या वे किसी पारिवारिक जौहरी की तरह अपने ग्राहकों से व्यक्तिगत रूप से जुड़े हुए हैं?

- क्या उनके पास एक ही छत के नीचे सभी सुविधाएँ उपलब्ध हैं?

- क्या वे 'बायबैक' करके तुरंत 'कैश' देते हैं?

- क्या वे सब कुछ एक ही जगह उपलब्ध करा देने की क्षमता रखते हैं?

र इन सभी सवालों का बस एक ही जवाब है "नहीं", "बिल्कुल नहीं".....
लेकिन फिर भी ये बढ़ रहे हैं।

आपको क्या लगता है, इस सवाल का जवाब क्या है?

क्यों ये ब्रांड इतनी तेज गति से बढ़ रहे हैं और छोटे/मंझौले /पारिवारिक ज्वेलर्स के व्यवसायों को निगलते जा रहे हैं?

उत्तर.___________________________________________

___________________________________________

___________________________________________

___________________________________________

___________________________________________

हमारे पास आपके लिए एक विशेष उपहार (special gift) है। इसे पाने के लिए दी हुई जगह में किसी ठोस वजह के बिना ही इन ब्रांडों के बढ़ने के कारणों को लिखें और हमें ईमेल करें...।

हमारा ईमेल आई.डी. - ea@dhanvidiamond.com

# अध्याय - 6

# नए दौर की शुरुआत

मैंने और गहराई में जाकर कुछ रोचक (interesting) जानकारियां हासिल की । ये सभी ब्रांड एक सामान्य ज्वेलरी स्टोर की तुलना में लगभग 4 से 5 गुना अधिक कीमत पर गहने बेच रहे हैं। उनमें से अधिकांश के पास मध्यम आकार के भंडारण (स्टॉक) की व्यवस्था तक नहीं हैं। वे एक पारिवारिक / पारम्परिक ज्वेलर्स की तुलना में 80% सेवाएं या सुविधाएं भी नहीं दे पाते हैं।

लेकिन सच्चाई अब भी वही है....

इन नामी ब्रांड के चेन ने खरीदारी-बिक्री के सारे समीकरणों को बदल कर रख दिया है...।

इन ब्रांडों ने आभूषणों की बिक्री का तरीका ही बदल दिया है। इन्होंने ग्राहकों के अनुभव को काफी बेहतर कर दिया है। और यह अनुभव सिर्फ दुकान तक ही सीमित नहीं होता, बल्कि ग्राहकों के ख़रीदारी से जुड़े हर पहलुओं पर अपना प्रभाव छोड़ता है।

- वेबसाइट से लेकर फेसबुक और इंस्टाग्राम से लेकर अन्य सोशल मीडिया प्लेटफॉर्म तक।
- मोबाइल एप्लिकेशन से लेकर व्यक्तिगत रूप से लुभावने अभियान (campaign) तक।
- प्रोडक्ट्स की जानकारी से लेकर पैकेजिंग और मार्केटिंग तक ।
- ग्राहकों पर व्यक्तिगत ध्यान (personalized attention) देने से लेकर उनके

- अनुभव को बेहतर करने, उनकी मानसिकता पर सकारात्मक मनोवैज्ञानिक प्रभाव पैदा करने के लिए हर छोटे-बड़े कारणों को जानना और उन्हें लागू करना।

वे आम ग्राहकों की मानसिकता पर सकारात्मक मनोवैज्ञानिक प्रभाव डालने और उनका विश्वास और भरोसा जीतने में कामयाब रहे हैं।

इस तरह से वे "एक ब्रांड" बनते हैं।

कुछ आम ज्वेलरी शॉप के लिए ब्रांड जैसा दिखना काफी आसान लग सकता है जैसे एक वेबसाइट बना ली, मोबाइल के लिए अपनी दुकान का एक ऐप बना लिया और कुछ आधुनिक सुविधाओं वाला एक शोरूम बना लिया। बस हो गया, बन गए आप ब्रांड। लेकिन ऐसा नहीं है। इसमें बहुत सी बारीकियां छुपी होती हैं, जैसे कि ग्राहकों की साइकोलॉजी को समझना, खरीदारी के पैटर्न को जानना, उनके साथ आत्मीय और भावनात्मक संबंध कायम करना और भी बहुत कुछ। तब जाकर एक ज्वेलरी ब्रांड बनता है। और जब उस स्थिति को कोई दुकानदार हासिल कर लेता है तब जाकर उसका ग्रोथ हाईवे पर आ पाती है। लोकल या फैमिली ज्वेलर से एक तिहाई स्टॉक रहने पर भी वे उनकी तुलना में दुगुने, चार गुने तक 'सेल' निकाल पाते हैं।

कल्पना कीजिए कि आप कॉफी पीना चाहते हैं। तो एक कप कॉफी के लिए आप कितना तक खर्च करने के लिए तैयार होंगे? आम तौर पर यह 20 से 30 रुपये का आता है, लेकिन एक कैफे में इसकी कीमत 100-150 रुपये तक होगी और यही कॉफ़ी आपको स्टारबक्स में लगभग 200-300 रुपये में मिलेगी।

अब सवाल यह उठता है कि ऐसा क्या है जो 20-30 रुपये में मिलने वाली कॉफ़ी स्टारबक्स में इतना महंगा (200-300) बिक रही है?

स्टारबक्स ऐसा क्या बेच रहा है?

तो इसका जवाब है

यह सिर्फ कॉफी नहीं बेच रहा ... ..

बल्कि उस कॉफी को पीने का अनुभव भी बेच रहा है...बेहतर से बेहतर अनुभव ....

लेकिन इस उद्धरण से हमारे लिए सीखने लायक क्या है?

तो, आइए समझते हैं ....

- दिखाना क्या है?
- किस तरह दिखाना है?
- ग्राहकों को बेहतर अनुभव कैसे देना है? इसके लिए क्या उपाय करें?
- लोगों को अपनी उत्कृष्ट सेवाओं के बारे में कैसे बताएं?
- मार्केटिंग में नयापन और बेहतरी कैसे लायें?
- इंटरैक्टिव इकोसिस्टम कैसे बनाएं ?

अगले 5 अध्याय में हम आपको इन सबके बारे में विस्तार से बताएंगे ......

मैं आपको ज्वेलरी ब्रांड के रूप में बाजार (market) में स्थापित होने के लिए पूरा मार्गदर्शन करूंगा...।

तो चलिए, शुरू करें!

एक नए दौर की शुरुआत .......

# अध्याय - 7

# शक्ति आवरण की

मोटे तौर पर सेटिंग का मतलब उन तौर-तरीकों से है जो हमारे और ग्राहकों के बीच संवाद-संबंध कायम करते हैं। यकीन मानिए, संवाद-संबंध किसी भी दुकान, शोरूम, बाज़ार या किसी बिजनेस-इकोसिस्टम का सबसे महत्वपूर्ण हिस्सा होते हैं। मज़े की बात यह है कि हमारी दुकान, शोरुम की सेटिंग इस संवाद-संबंध को बनाने में महत्वपूर्ण भूमिका निभाती है।

इस सेटिंग को मुख्यतः 2 भागों में बाँटा जा सकता है:

क) आंतरिक सेटिंग

ख) बाहरी सेटिंग

## आंतरिक सेटिंग

आंतरिक सेटिंग में वो सब कुछ शामिल है जो आपके ज्वेलरी स्टोर के अंदर ग्राहक के साथ संवाद से संबंधित है। जब कोई ग्राहक आपके शोरूम में आता है और जब तक वह खरीदारी करता है या शोरूम से बाहर नहीं जाता है, इस समय के दौरान वो जो देखता है, जिनसे मिलता है, वो सब आंतरिक सेटिंग के अंतर्गत आता है।

## पहला प्रभाव

आपके गार्ड से शुरू करते हैं, जब वह दरवाजा खोलता है और जिस तरह ग्राहक को देखता है, उनका स्वागत करता है। अभिवादन करने वाले कर्मचारी, उनकी उपस्थिति, ग्राहक के साथ उनका पहला संपर्क (आँखों से), जिस तरह से वे मुस्कुराकर अभिवादन करते हैं, उनका पहनावा, इन सभी का ग्राहकों की मानसिकता पर प्रभाव पड़ता है।

## आभूषणों को डिस्प्ले करने का तरीका

बैठक का रंग (साज - सज्जा किस तरह की है), आभूषण किस तरह से सजाए गए हैं, लाइटिंग इफ़ेक्ट, वहां के वातावरण की महक, दुकान में गूंजने वाला संगीत, जगह की सफाई, प्रत्येक सामान का निर्धारित स्थान और इनसे संबंधित बातें बहुत मायने रखती है। विशेष रूप से हीरे और सोने के आभूषणों को दिखाते समय सही लाइटिंग इफ़ेक्ट का होना अनिवार्य है। ये सभी कारक आपके शोरूम (स्टोर) के आंतरिक संवाद का हिस्सा बन जाते हैं।

## भाषा

मधुर और प्रभावी बातचीत मार्केटिंग का अचूक तरीका है। इससे आपके शोरूम से जाते ग्राहक भी वापस आ जायेंगे और खरीदारी कर लेंगे। वैसे ग्राहकों को पता नहीं चलता, लेकिन आपके शोरूम के जीवंत वातावरण, सौहार्दपूर्ण वर्ताव और ज्वेलरी का आकर्षण और इन्हें सुंदर संवाद के साथ पेश करने के तरीके का उन पर गहरा प्रभाव पड़ता है और एक समझदार ज्वेलरी व्यवसायी इन सबका प्रभावी उपयोग कर अपने बिज़नेस को बुलंदियों तक पहुंचा सकता है।

आप अपने दुकान या शोरूम के अंदर सकारात्मक और प्रभावी बदलाव लाकर अपने ग्राहकों के अनुभव को बेहतर बना सकते हैं, अपनी बिक्री बढ़ा सकते हैं और इस तरह लाभ कमा सकते हैं।

## बाहरी सेटिंग

बाहरी वातावरण का संबंध आपके शोरूम के बाहर की चीज़ों से है जहाँ आप नहीं होते, सिर्फ आपकी दुकान/शोरूम की पहचान होती है।

आपके शोरूम का फ्रंट, आपकी ऑनलाइन उपस्थिति, आपकी मीडिया उपस्थिति, वह हर जगह जहां भी आपका नाम या उपस्थिति दर्ज है, आपकी बाहरी सेटिंग के दायरे में आती है। इसके महत्व को जानना, इसे बेहतर से बेहतर बनाना और अपडेट रखना उतना ही महत्त्वपूर्ण है जितना कि आपके शोरूम के अंदर की सेटिंग। यहाँ पर आपकी बाहरी सेटिंग को बेहतर बनाने

के लिए कुछ सुझाव दिए गए हैं जो आपकी पहचान को और अधिक मजबूत बनाएंगे, आपकी उपस्थिति को दमदार बनाएंगे और कुल मिलाकर आपके बिजनेस में चार चाँद लगाएंगे ।

## आपकी दुकान/शोरूम के सामने का 'एरिया'

क्या आपने कभी सोचा है कि पूरे दिन में कितने लोग आपके शोरूम के पास से गुज़रते हैं? और उनमें से कितने आपके शोरूम में आते हैं? अगर इसका प्रतिशत निकालें तो यह 1% से भी कम होगा। लेकिन इसका अर्थ यह नहीं है कि लोग आपके शोरूम नहीं आते वे किसी काम के नहीं हैं। जो आज नहीं आए हैं, हो सकता है कि वे कल आएं। अगर आप इस प्रतिशत को बढ़ाना चाहते हैं तो आपको अपने शोरूम के फ्रन्ट को बेहतर बनाना होगा इसे आते जाते लोगों के लिए आकर्षक बनाना होगा। आकर्षक और लुभावना फ्रन्ट किसी भी शोरूम की पहली पहचान होती है। चूंकि यह फ्रन्ट बाहरी दुनिया के ज्यादा करीब होता है, इसलिए यह सबसे अच्छा होना चाहिए क्योंकि हम सभी जानते हैं कि 'फर्स्ट इम्प्रेशन इज द लास्ट इम्प्रेशन।' यह मार्केटिंग का आपका ट्रम्प कार्ड है।

आपकी बाहरी सेटिंग को इस तरह से डिजाइन किया जाना चाहिए कि यह आपके शोरूम के पास से पैदल या किसी वाहन से गुजरने वाले लोगों को सहज ही आकर्षित करे, और वे बरबस चले आएं।

अपने शोरूम के बाहरी वातावरण की कमियों को जानें। इसे यूज़र इंटरएक्टिव बनाएं। अगर विशेषज्ञों की मानें तो शोरूम की बाहरी सेटिंग को उत्कृष्ट बनाने से आने वाले ग्राहकों की संख्या में 20% तक बढ़ोतरी हो जाती है। शोरूम को चमकाने में अगर आप एक बार निवेश कर देते हैं तो अगले 5-7 सालों तक निश्चिंत रह सकते हैं।

## डिजिटल उपस्थिति

आपके आभूषण व्यवसाय की बाहरी सेटिंग का दूसरा सबसे महत्त्वपूर्ण पहलू आपकी डिजिटल और सोशल मीडिया उपस्थिति है।

डिजिटल उपस्थिति का अर्थ है:

❖ आपकी वेबसाइट

❖ मोबाइल एप्लिकेशन

और सोशल मीडिया उपस्थिति में निम्नलिखित चीजें शामिल हैं:

❖ फेसबुक पेज

❖ इंस्टाग्राम पेज

❖ यूट्यूब

❖ पिंटरेस्ट

❖ आपका व्हाट्सएप स्टेटस

❖ आपका व्हाट्सएप प्रोफाइल और विवरण

❖ आपकी ईमेल आई.डी.

और वे सारी जगहें जहां आप इंटरनेट पर ऑनलाइन दिखाई देते हैं।

इनमें से प्रत्येक उपस्थिति को हर रोज अपडेट किया जाना चाहिए। आज की पीढ़ी को मोबाइल-पीढ़ी कहा जाता है। आज कल सब कुछ इंटरनेट पर मिलता है। लोग जानकारी के लिए कहीं और नहीं जाते, गूगल करते हैं। आपके संभावित ग्राहक भी ऐसा ही करते हैं।

आपकी और आपके प्रोडक्ट की जानकारी, ऑनलाइन होनी चाहिए, तभी एक ब्रांड के रूप में आपकी पहचान बन पाएगी, लोग आपको अथॉरिटी के रूप में देखेंगे।

आपकी वेबसाइट लाइव होनी चाहिए और साथ ही अपडेटेड भी। यदि आपकी वेबसाइट अपडेट नहीं होती है, तो उसके होने ना होने का कोई मतलब नहीं है। अपनी वेबसाइट को अप-टू-डेट रखने के लिए आपको मन लगाकर यह काम करने वाली टीम की जरूरत होगी । इसी तरह से आपको एक टीम की मदद से अपने फेसबुक और इंस्टाग्राम पेज, बल्कि सभी सोशल मीडिया प्लेटफॉर्म को अप-टू-डेट रखना होगा। हालाँकि आप यह काम किसी बाहरी एजेंसी को भी दे सकते हैं।

जब आप अपनी बाहरी और भीतरी सेटिंग को बनाना शुरू करते हैं, उसे बेहतर और आकर्षक बना लेते हैं तो जल्द ही आपका व्यवसाय (business) एक ब्रांड बन जाएगा।

नीचे आपके लिए दो अभ्यास (प्रैक्टिस) दिए गये हैं। आप इन दो अभ्यासों की फोटोकॉपी करवा सकते हैं या हमें ईमेल करके इन अभ्यासों की एक पीडीएफ लिंक पा सकते हैं और तुरंत ही उन पर काम करना शुरू कर सकते हैं।

इन अभ्यासों को पूरा करने के बाद आपको बहुत अच्छा महसूस होगा, आपका कार्यस्थल/ डिस्प्ले एरिया और भी आरामदायक, इंटरैक्टिव और लुभावना हो जाएगा।

आपके ग्राहकों को ऐसा 'इंटरैक्टिव एक्सपीरियंस' होगा जो उन्हें लंबे समय तक याद रहेगा।

अब इसे करें...

## अभ्यास 1.2 – अपने व्यवसाय की बाहरी सेटिंग को बेहतर बनाना

| काम | क्रिएट/अपडेट करने की तारीख | संबंधित स्टाफ/ एजेंसी | दैनिक/साप्ताहिक/ मासिक |
|---|---|---|---|
| फेसबुक पेज | | | |
| इंस्टाग्राम पेज | | | |
| यू ट्यूब चैनल | | | |
| पिंटरेस्ट | | | |
| कस्टमर केयर फोन नंबर | | | |
| कस्टमर केयर ई-मेल आई.डी. | | | |
| लाइव वेबसाइट | | | |
| बिज़नेस व्हाट्सएप | | | |

इन एक्सरसाइज में आप अपनी जगह, जरूरतें, ग्राहकों की पसंद और आवश्यकताओं के हिसाब से बदलाव कर सकते हैं।

यदि आप अपनी सेटिंग को ऊपर बताए गए निर्देशों के अनुरूप ढाल लेते हैं तो वो दिन दूर नहीं हैं जब आप अपने ग्राहकों का भरोसा, विश्वास और दिल जीत पाएंगे और अपनी बिक्री और लाभ को कई गुना बढ़ा सकेंगे।

जब आप अपनी सेटिंग को ठीक कर लेते हैं, तो ग्राहकों को बेहतर अनुभव मिल जाता है जिससे आपके प्रति उनकी मानसिकता भी बेहतर हो जाती है, जिसके चलते वो आपके यहाँ से आभूषण खरीदने को आकर्षित होते हैं जिससे आपकी बिक्री में वृद्धि होती है। सिर्फ इतना ही नहीं, आपके प्रति ग्राहकों का दोस्ताना व्यवहार आपको दूसरे व्यवसायियों की तुलना में बेहतर बनाता है और यह आपके बिज़नेस को ब्रांड बनाने में काफी मददगार साबित होता है।

आपकी आंतरिक सेटिंग को बढ़ाने के लिए एक अन्य अभ्यास अगले पृष्ठ पर है। पिछले अभ्यास की ही तरह तरह आप अपने और अपने ग्राहक के अनुभव को बेहतर करने के लिए इसमें चीजों को बढ़ा या घटा सकते हैं।

## अभ्यास 1.3 - आंतरिक सेटिंग बेहतर बनाना

| टारगेट | शुरू करने की तारीख | सम्बद्ध व्यक्ति | दैनिक, साप्ताहिक मासिक |
|---|---|---|---|
| स्वच्छता | | | |
| गार्ड का अभिवादन और मुस्कुराहट | | | |
| आरामदायक सोफे | | | |
| स्टाफ की पोशाक | | | |
| ग्राहकों से मिलते समय स्टाफ की भाव-भंगिमा | | | |
| स्टाफ की बॉडी लैंग्वेज | | | |
| साउंड सिस्टम | | | |
| खुशबू/सुगंध | | | |

| छोटी से छोटी चीज़ों जैसे पेन आदि को व्यवस्थित रखना, | | | |
|---|---|---|---|
| लाइटिंग इफ़ेक्ट | | | |
| लाइट आदि की व्यवस्था | | | |
| अन्य | | | |

हमारे पास ऐसी कई केस स्टडी हैं जहाँ हमने अपने ग्राहकों को सर्वोत्तम सेटिंग बनाने में मदद की और उनके व्यवसाय को नए जमाने के ब्रांड में बदल कर रख दिया।

तो, अभी से इन सब पर काम करना और चीजों को लागू करना शुरू कर दें।

अगर आप ये सब कर लेते हैं तो निश्चय ही "मुनाफे की बारिश" होगी ।

बहुत से लोगों ने कर दिखाया है, अब आपकी बारी है...........

## मंत्र–1: सेटिंग सफलता की कुंजी है

# अध्याय - 8

# शक्ति प्रस्तुति की

महेश अरोड़ा जी, जो मेरे लिए ग्राहक कम, मित्र ज्यादा हैं उनका 35 वर्ष पुराना आभूषण शोरूम है। उनके पास एक अच्छा शोरूम और ग्राहकों की अच्छी खासी संख्या है। उनके साथ थोड़ी देर चर्चा के बाद मुझे लगा कि पिछले कुछ वर्षों में उच्च कोटि के आभूषणों की बिक्री में भारी गिरावट आई है और साथ ही आभूषणों की मांग करने वाले ग्राहकों की क्वालिटी में भी। और इसका सीधा कारण आभूषणों को डिस्प्ले करने का (गलत) तरीका है। डिस्प्ले ट्रे और नेक में रंगों को लेकर कोई समानता नजर नहीं आ रही थी। थीम प्ले तो पूरी तरह से गायब ही था। सब कुछ जहां कहीं भी डिस्प्ले किया गया था। सही ढंग से आभूषण डिस्प्ले करने के बजाय अधिक से अधिक आभूषण दिखाने पर ज़ोर था। यह चारों ओर फैले एक खराब सिस्टम की तरह था और सब ग्राहकों के बीच बहुत व्याकुलता और भ्रम पैदा कर रहा था।

और यहीं से चीजें हाथ से निकलनी शुरू हुईं... जैसा कि चैप्टर का नाम है, प्रस्तुति में पावर होता है। जिस प्रभावी प्रस्तुति से ग्राहकों का विश्वास व दिल जीतना था, वो प्रस्तुति उस तरह से बेरंग और बेढंग हो गई कि ग्राहक व्याकुल हो गए।

निश्चय ही ज्वेलरी प्रदर्शित करना एक कला है और जब आभूषण स्टोर की बात आती है, तो प्रदर्शित सामग्री संदेश और प्रोडक्ट्स का सही मेल चमत्कारी परिणाम दे सकता है।

हम शायद ही कभी गहनों से ज्यादा कुछ डिस्प्ले करने पर ध्यान देते हैं।

ज्वेलर्स हजारों से लाखों रुपये खर्च करेंगे, ज्वैलरी डिस्प्ले ट्रे, बॉक्स वगैरह.. लेकिन इस बारे में कोई नहीं सोचता-

Q1: डिस्प्ले ट्रे का रंग क्या होना चाहिए?

Q2: एक ट्रे में कितने प्रॉडक्ट्स डिस्प्ले किए जाने हैं?

Q3: डिस्प्ले करने में किस थीम का उपयोग किया जाना चाहिए?

Q4: पैकेजिंग और अन्य साथ दी जाने वाली सामग्री का रंग क्या होना चाहिए?

जौहरियों के एक सामान्य सर्वेक्षण से पता चलता है कि डिस्प्ले का अर्थ है आभूषणों का डिस्प्ले और एक ज्वैलर के रूप में, यहीं पर हम बिग ब्रांड्स से आधी लड़ाई हार गए। डिस्प्ले का मतलब केवल आभूषणों को डिस्प्ले करने तक ही सीमित नहीं है, बल्कि इसमें हमारी संस्कृति, हमारे इतिहास, हमारी उपलब्धियों, हमारे अद्वितीय विक्रय बिंदु (Unique Selling Points) आदि भी शामिल हैं। आभूषणों का डिस्प्ले कुछ इस हद तक बेहतरीन हो कि ग्राहक स्टोर में आते ही 'वाह' 'वाह' करने लगे। वह भले ही शब्दों से उस स्टोर को शाबाशी न दे, लेकिन वहाँ पर रखी चीजों का सुंदर और आकर्षक डिस्प्ले उसका मन मोह ले, उसकी मानसिकता बदल दे, उसे खरीददारी करने के लिए प्रेरित करे।

डिस्प्ले करना मुख्यतः दो भागों में होता है -

क) उत्पाद प्रदर्शन

ख) सूचना प्रदर्शन

## प्रोडक्ट्स का डिस्प्ले

सही तरह से प्रॉडक्ट्स का डिस्प्ले, केवल सुंदर डिस्प्ले ट्रे या स्टॉक बॉक्स या डिस्प्ले नेक से ही संबंधित नहीं है। बल्कि, इसमें आपके भौगोलिक स्थान और ग्राहकों की प्राथमिकताओं के अनुकूल सही रंगों के चुनाव आदि जैसे

कारक (factors) भी शामिल हैं जिन्हें ध्यान में रखा जाना चाहिए।

1. सही रंग का चयन निश्चित रूप से ग्राहक को अधिक संवादात्मक तरीके से खरीदने के लिए आकर्षित करेगा। आभूषणों का प्रदर्शन एक गूढ़ कला है, इसलिए जब रंगों और कपड़ों की बात आती है, तो इसे चुनने में जल्दबाजी न करें।

2. अपने काउंटर पर कस्टमाइज्ड डिस्प्ले सिस्टम लगाने से निश्चित रूप से आपके शोरूम की उपस्थिति और स्वरूप में चार चाँद लग जायेंगे।

3. मेरा सुझाव है कि सोने के आभूषणों के लिए हल्के भूरे या ग्रे रंग का और हीरे के आभूषणों को डिस्प्ले करने के लिए काले रंग का उपयोग करें। इसके अलावा, सफेद रंग की ट्रे और बॉक्स का इस्तेमाल तुरंत बंद कर दें।

4. आपको उच्च लाभ वाली सामग्री के प्रदर्शन पर हमेशा ध्यान केंद्रित करना चाहिए, जिसका अर्थ है कि वे प्रोडक्ट्स आपके डिस्प्ले में लगे हों जिनमें आपका मार्जिन ज्यादा हो, मुनाफा अधिक हो। ताकि जब भी आपका ग्राहक डिस्प्ले काउंटर पर बैठे, उसे वो प्रोडक्ट दिखाई दें जो आप बेचना चाहते हैं।

5. अपने सभी बक्सों के लिए एक सामान्य थीम रखें, जैसे डिस्प्ले ट्रे, डिस्प्ले नेक और पैकेजिंग बॉक्स और पैकेट, थैला, पर्स आदि।

6. सुनिश्चित करें कि आपके उत्पादों को समन्वित तरीके (synchronized manner) से डिस्प्ले किया जा रहा है। इसे प्रत्येक सप्ताह या अधिक से अधिक 10 दिन में बदलते रहना चाहिए। स्टॉक रोटेशन मैनेजमेंट सिस्टम के लिए एक शीट बनाएं और डिस्प्ले आर्टिकल्स के रोटेशन को मैनेज करने के लिए भी किसी सेल्स स्टाफ को रख लें।

7. काउंटर पर ट्रे में प्रदर्शित वस्तुओं की संख्या को सीमित करें, अर्थात डिस्प्ले ट्रे में 8 से 9 प्रोडक्ट्स ही रखें।

## थीम आधारित प्रदर्शन

आपका ज्वैलरी डिस्प्ले आपके स्टॉक का डिस्प्ले जैसा होना चाहिए ---लगभग सभी प्रोडक्ट्स का डिस्प्ले। आपको एक काउंटर या एक खास एरिया पर थीम आधारित डिस्प्ले का उपयोग करना चाहिए। उदाहरण के लिए यदि वेलेंटाइन डे आ रहा है तो इसमें दिल के आकार के सभी आभूषण होने चाहिए, शादी का मौसम आ रहा है, शादी के आधार पर अपना डिस्प्ले तैयार करें।

प्रभावी तरीके से डिस्प्ले करना एक कला है, इसमें काफी सारी बारीकियां हैं। आप इसे तब सीखेंगे जब आप इसे आजमाएंगे, इसके साथ खेलेंगे और इसके साथ प्रयोग करेंगे।

एक नियम हमेशा याद रखें:

## "Mantra 2: What you show, will sell"

## इन्फॉर्मेशन का प्रदर्शन

सूचना के डिस्प्ले का अर्थ है हमारे स्टोर में प्रवेश करने वाले ग्राहक की अवचेतन अवस्था (subconscious state) के साथ संचार या संवाद करना।

सूचनाओं का यह प्रदर्शन न केवल हमारी विशेषताओं पर ध्यान आकर्षित करने में मदद करेगा बल्कि उनकी मानसिकता में अधिक विश्वास और साख बनाने में भी मदद करेगा। सही जानकारी का प्रदर्शन न केवल नियमों और शर्तों के निर्माण में मदद करेगा बल्कि हमारे ग्राहकों द्वारा दिन-प्रतिदिन की सौदेबाजी को भी कम करेगा।

यहां सामग्री के लिए कुछ सुझाव दिए गए हैं जिन्हें आभूषण स्टोर में डिस्प्ले किया जा सकता है:

**क. प्रोडक्ट्स की जानकारी:** उपयोग की गई सामग्री, शिल्प कौशल (craftsmanship), गोल्ड कैरेटेज और आभूषणों की अनूठी विशेषताओं को हाइलाइट करें।

**ख. इतिहास और सांस्कृतिक महत्त्व :** डिजाइन के पीछे के इतिहास और यह एक विशेष संस्कृति या परंपरा से कैसे संबंधित है, इसकी व्याख्या करें।

**ग. सेलिब्रिटी एंडोर्समेंट:** अगर किसी प्रसिद्ध व्यक्ति को कोई आपका बेचा हुआ खास पीस पहने हुए देखा गया है, तो ग्राहकों को आकर्षित करने के लिए उनका फोटो लगाएं, या इसकी जानकारी साझा करें।

**घ. उपहार संबंधी सुझाव:** शादी, जन्मदिन, वर्षगाँठ आदि जैसे विभिन्न अवसरों के लिए योजनाओं या सुझावों की जानकारी दें।

**च. आगामी कलेक्शन:** ग्राहकों के बीच उत्साह और उम्मीद जगाने के लिए नए और आगामी संग्रह का पूर्वावलोकन (preview) करें।

**छ. सर्टिफिकेशन:** स्टोर या उसके उत्पादों को मिले किसी भी सर्टिफिकेट या पुरस्कार को हाइलाइट करें, जैसे कि पर्यावरण के अनुकूल, या संघर्ष-मुक्त (conflict-free) हीरा होना या अन्य कुछ और।

**ज. हॉलमार्किंग और डायमंड सर्टिफिकेशन:** इन दिनों ग्राहक प्रचलित सर्टिफिकेशन और हॉलमार्किंग मानदंडों से अच्छी तरह परिचित हैं, लेकिन जब इन्हें डिस्प्ले किया जाता है तो यह ऑटो मोड पर आपत्तियों (objection) से निपटने में मदद मिलती है।

**झ. अन्य प्रमुख विशेषताएं:** इसमें कई तरह की चीजें शामिल हो सकती है। इस कैटेगरी में आप अपने मन से चीजों को डाल सकते हैं।

"मकसद यह है कि ध्यान केवल आभूषण की गुणवत्ता, अद्वितीयता और मूल्य पर होना चाहिए, साथ ही ग्राहकों के साथ भावनात्मक संबंध भी बनाना चाहिए।

इस पुस्तक में ग्राहकों का विश्वास और भरोसा जीतने के जिन उपायों का वर्णन है, उससे आगे बढ़कर आप अपने तरीके से भी कुछ और तरीकों को खोज सकते हैं और उन्हें लागू कर सकते है। लक्ष्य वही है—ग्राहक आपका गुणगान करें।

आप एक विश्वासी व्यक्ति हैं, आपके दुकान/शोरूम की एक साख है इसे भी लोगों तक फैलाइये। लोगों को कहानी के जरिये चीज़ें अधिक समझ में आती है। आप भी एक कहानी बनाइये, सच्चाई के इर्द-गिर्द घूमती कहानी और अपने सेल्स बॉय/गर्ल के जरिये अपने ग्राहकों तक पहुँचाइये। यकीन मानिये, इससे आप अपने ग्राहकों के साथ सीधे तौर पर जुड़ पाएंगे, एक अटूट संबंध स्थापित कर पायेंगे।

जब हमारी प्रीमियो ब्रांडिंग टीम ने सही डिस्प्ले तकनीकों का उपयोग करके डिस्प्ले सिस्टम को बदला और हमारे पार्टनर स्टोर्स पर जानकारी साझा की, तो उसके रिज़ल्ट अविश्वसनीय ढंग से प्रभावी थे। उच्च कोटि के ग्राहक आधार में कई गुना वृद्धि हुई और उन्हें मुनाफे में 40% की तेज़ उछाल मिली।

## अभ्यास 1.4: स्टॉक रोटेशन प्रबंधन प्रणाली

| काउंटर संख्या | अंतिम परिवर्तन दिनांक | तारीख में अगला बदलाव | संबंधित स्टाफ |
|---|---|---|---|
| 1 | | | |
| 2 | | | |
| 3 | | | |
| 4 | | | |
| 5 | | | |

अभ्यास 1.5: सोने की सही शुद्धता और हॉलमार्किंग के नामों का उल्लेख करते हुए 1 पोस्टर बनाएं। यदि आप चाहें तो आप कई पोस्टर बना सकते हैं, आप इस अध्याय से एक आइडिया ले सकते हैं। यह अभ्यास एक रूपरेखा (rough sketch) बनाने के लिए है और फिर अपने इस विचार को एक पेशेवर डिजाइनर (professional designer) से बनवाएं और इसे प्रिंट करवाकर अपने स्टोर में सबसे आदर्श स्थान पर पेस्ट करवाएं।

डायमंड और उनकी ग्रेडिंग शब्दावली और मानदंडों का उल्लेख करते हुए दूसरा पोस्टर बनाएं।

रिटर्न, एक्सचेंज को दर्शाने वाला तीसरा पोस्टर बनाएं

ग्राहक के लिए हमारे द्वारा पेश की गई नीति। और इसी तरह......

बनाते रहिए |

# अध्याय - 9

# व्यक्तिगत संपर्क की कला

अपने एक ग्राहक श्री रॉबिन गुप्ता के साथ बैठा था। ये सज्जन अपने पास अच्छे ग्राहक नहीं आने से निराश थे। आज उनके पास वैसा काम नहीं है जैसा तीस साल पहले था जब उन्होंने अपने पिता के साथ इस व्यवसाय को शुरू किया था। इस लंबी यात्रा के दौरान उन्होंने अपने ग्राहकों के बीच एक परंपरा का निर्माण किया है लेकिन अचानक पिछले 2 वर्षों में उन्होंने अपने पुराने ग्राहकों के साथ वह पुरानी चमक और संपर्क खो दिया है। अब उन्हें गुणवत्तापूर्ण ग्राहक नहीं मिल रहे थे और नए लोगों के आने की रफ्तार भी काफी कम हो गई थी। मामला और भी बदतर हो गया जब, उन्होंने यह महसूस किया कि उच्च कोटि वाले ग्राहकों की बिक्री में 80% से अधिक की कमी आई है। जब उन्होंने अपने कुछ ग्राहकों से पूछा , जिनके घर में हाल ही में शादी हुई थी कि उन्होंने उनसे आभूषण क्यों नहीं खरीदे और उन्होंने जवाब दिया कि उन्होंने इसे नए ब्रांडेड ज्वैलरी स्टोर से खरीदा है। उन्होंने यह जानने की कोशिश की कि इतना पुराना ग्राहक उनसे नहीं बल्कि किसी ब्रांडेड स्टोर से क्यों खरीदता है और यह एक स्पष्ट संकेतक था कि विश्वास या साख कहीं ना कहीं कमजोर हुआ है जिसकी वजह से अन्य ब्रांड इनके ग्राहकों का दिल जीतने में कामयाब रहे।

मैं यह नहीं कह रहा हूं कि ग्राहक आप पर भरोसा नहीं करते हैं, लेकिन ये ब्रांड अधिक विश्वास और साख बनाने में कामयाब रहे हैं और आपके ग्राहकों के दिलों दिमाग में छा चुके हैं। और इन सब कारणों से प्रभाव मेरे ऊपर पड़ा ----एक पेशेवर के रूप में और निजी तौर पर।

लेकिन सवाल यह है कि " इसका समाधान क्या है?"

विज्ञापनों पर खर्च किए बिना नए आभूषण संग्रह को कैसे बढ़ावा दिया जाए, इस पर विचार-मंथन के लिए मैंने पूरे तीन दिन लगाए । सभी का मानना था कि विज्ञापन देना एक महँगा काम हैं और पिछले कुछ वर्षों में इन विज्ञापनों का असर उतना खास नहीं रहा है (मैं भी ऐसा मानता हूं)।

'मास मीडिया मार्केटिंग' का युग समाप्त हो गया है। आज का युग व्यक्तिगत और प्रत्यक्ष युग है.. लेकिन अब आप सोच रहे होंगे इन सबका एक आभूषण व्यवसाय से क्या संबंध? जी हाँ, बिलकुल है। आप भी डायरेक्ट, पर्सनलाइज्ड मार्केटिंग कॉन्सेप्ट्स लागू करें और अपनी बिक्री की संभावना को बढ़ाएँ और साथ ही अपना प्रॉफिट भी।

## मंत्र 3: "जितना बेहतर आप आपने ग्राहकों को जान पाते हैं उतनी ही उत्कृष्ट सेवाएं आप उन्हें दे पाते हैं।"

## इसलिए सब ग्राहकों पर व्यक्तिगत तौर पे ध्यान दें

Personalization basically refers to personal touch of yoवैयक्तिकरण मूल रूप से आपके ग्राहक के साथ आपके व्यक्तिगत रिश्ते को संदर्भित करता है जो कई वर्षों में बना है लेकिन अब इसकी चमक खोने लगी है। मुझे याद है कि कुछ महीनों के लिए मैं अपने चाचा की चांदी की थोक दुकान पर बैठता था, वह अपने ग्राहकों से भावनात्मक तौर पर जुड़ने में माहिर थे। वे उनसे बहुत ही गर्मजोशी और आत्मीयता से बातें करते थे। इन व्यक्तिगत वार्ताओं ने उनके ग्राहकों के साथ उनके संबंधों को मजबूत किया और बदले में उन्हें अधिक विश्वास और साख मिली।

अब सवाल उठता है कि आज की तेज़ी से बदलती इस दुनिया में व्यक्तिगत तौर पर ध्यान देना कैसे सुनिश्चित करें, वो भी तब जब किसी के पास समय नहीं है, और लोग दूसरों की बात सुनने को राजी नही हैं।

इसे हासिल करने के लिए कुछ सुझाव यहां दिए गए हैं ...... ..

## डेटा भविष्य है

भारत में आभूषण व्यवसाय का भविष्य वैयक्तिकरण मूलभूत के आसपास बढ़ने की उम्मीद है। इन दिनों हर ज्वैलरी ब्रांड डेटा में ढेर सारे संसाधनों और पैसे का निवेश कर रहा है----भंडारण, विश्लेषण और समाधान (storing, analysis and solution) जिनका उद्देश्य उनके 'टारगेट' ग्राहक के साथ उनके संचार को वैयक्तिकृत (personalized) करना है।

उदाहरण के लिए, यदि कोई ग्राहक जिसने वेबसाइट देखी है या वेब पर खोज की है या किसी विशेष प्रकार के नेकलेस को देखा है, तो आप उनके शॉपिंग अनुभव को वैयक्तिकृत करने के लिए स्वाभाविक रूप से उन्हें इसी तरह के नेकलेस दिखा सकते हैं। इसी तरह, यदि कोई ग्राहक आपके ज्वैलरी स्टोर पर आता है और सॉलिटेयर रिंग जैसी कोई ज्वैलरी खरीदता है, तो आप उन्हें इस खरीद के लिए टारगेट मैसेज या ईमेल भेज सकते हैं। हम यह संदेश दे सकते हैं कि जब आप इसे हाल ही में खरीदी गई सॉलिटेयर रिंग के साथ पहनेंगे तो यह अद्वितीय नया कलेक्शन का ब्रेसलेट आपका एक असाधारण स्टाइल स्टेटमेंट बन जाएगा।

वैयक्तिकरण का ऐसा स्तर आपके ग्राहकों से अधिक वफादारी और निरंतर व्यवसाय का भरोसा दिलाता है।

## वैयक्तिकृत सेवाएं

आप अपने ग्राहक को किसी भी समय खरीदे गए हीरे के आभूषणों की मुफ्त जांच के लिए अपने स्टोर पर आने के लिए आमंत्रित कर सकते हैं। आप अपने किसी कर्मचारी को उन्हें नियमित रूप से कॉल करने और उन्हें आमंत्रित करने के लिए नियुक्त कर सकते हैं।

ब्रांड के लिए आकर्षण विकसित करना और वर्चस्व बनाना महत्त्वपूर्ण कार्य है। अपने ब्रांड के साथ उच्च स्तर की गर्मजोशी और लगाव बनाए रखने के लिए अपने ग्राहकों के साथ गहरी समझ और फॉलोअप की आवश्यकता होती है।

विश्वास, समझ और वफादारी बनाने में वर्षों लग जाते हैं, इस रिश्ते को बना के रखने के लिए लगातार प्रयास करना पड़ता है। जब आप इस रिश्ते के बीज को पानी देना शुरू कर देंगे, तो एक दिन यह पौधे में और किसी दिन फल वाले पेड़ में विकसित होगा लेकिन इसके पीछे विचार यह है कि इस पौधे को पानी देते रहें, इस पौधे का पोषण करते रहें, इस रिश्ते को बढ़ाते रहें। यकीन मानिये, यह अभ्यास किसी भी रिश्ते के लिए और किसी के साथ भी उतना ही अच्छा रिजल्ट देता है।

## टचपॉइंट बनाएं

टचपॉइंट का मतलब हर जगह और हर तरह से अपने ग्राहकों के साथ संचार बिंदु/चैनल बनाना है। उदाहरण के लिए प्राप्त की गई या बेची गई वस्तुओं की जानकारी लेते रहना, जन्मदिन/वर्षगांठ आदि पर शुभकामना देना... ..

टचपॉइंट हर संचार को यादगार और उल्लेखनीय बनाने के लिए बहुत आवश्यक हैं। संपर्क उच्च कोटि ग्राहकों को बनाए रखने तथा लंबे समय तक चलने वाले संबंध बनाने का अचूक उपाय है। प्रभावी संपर्क बनाने से आपके ग्राहक की मानसिकता पर सकारात्मक असर होगा, और उनका दृष्टिकोण और 'इम्प्रेशन' आपके अनुकूल हो जाएगा।

## टचपॉइंट बनाने की विधि

- **स्पष्ट संवाद:** आपका संदेश स्पष्ट और सटीक होना चाहिए और सीधे आपके ग्राहक की मानसिकता पर प्रभाव डालने वाला होना चाहिए।

- **भरोसा जीतने वाले शब्द:** ऐसे वाक्यांशों या शब्दों का उपयोग जो आपके अनुभव को व्यक्त करते हैं या आपके नाम या ब्रांडिंग पर अधिक विश्वास पैदा करते हैं।

- **प्रेम और लगाव दिखाने वाले शब्द:** ऐसे मैसेज ड्राफ्ट करें जो ग्राहक के प्रति आपके प्रेम और लगाव को प्रदर्शित करते हों। ऐसे शब्दों के प्रयोग से व्यक्तिगत जुड़ाव में मदद मिलेगी।

- **भरोसे का निर्माण:** ऐसे रचनात्मक स्लोगन, कहानियों का उपयोग करें या बनाएं जो आपके ब्रांड पर अधिक विश्वास पैदा करते हों।

- **डेटा बैंक:** अपने डेटा को प्रबंधित करने के लिए एक सिस्टम बनाएँ। उसे समय-समय पर अपडेट करते रहें। इस तरह के उपायों से आप ग्राहक में मन में अपने लिए एक खास जगह बनाने में सफल रहेंगे।

- **फॉलो अप सिस्टम:** अपने ग्राहक के साथ संपर्क में रहने के लिए सटीक फॉलो-अप सिस्टम महत्त्वपूर्ण है ताकि जब भी वे आभूषणों के बारे में सोचें तो उनके दिमाग में सबसे पहले आपका ही नाम आए।

यहाँ पर यह जानना महत्वपूर्ण है कि यह लिस्ट कोई पत्थर की लकीर नहीं है। इसमें आप अपनी जरूरत और आवश्यकताओं के अनुसार बदलाव भी कर सकते हैं। जितना अधिक आप इसमें चीजों को जोड़ेंगे, उतना अधिक मुनाफे में रहेंगे। संक्षेप में कहें तो संपर्क वह वृक्ष है जो सींचने पर दिन दूना रात चौगुना फल देता है।

## टचपॉइंट बनाने के चरण

- ग्राहकों के साथ पहले से चल रहे हर संचार की जानकारी रखें।

- स्थान और आयु आदि के आधार पर डाटाबैंक बनाएं।

- वर्तमान संचार की सभी सामग्री को नए सिरे से डिज़ाइन करें।

- सभी संचारों की प्रवाह-प्रणाली जो पहले, दूसरे और तीसरे स्थान पर जाएगी। स्पष्ट समयरेखा निर्धारित करें।

- बातचीत के लिए संचार के सभी संभावित नए तरीकों का आकलन करें।

- नए संचार के लिए आकर्षक, प्रभावी सामग्री डिज़ाइन करें।

- संपर्क साधने के लिए जिम्मेदार टीम को तैयार करें| इस महत्त्वपूर्ण कड़ी को नज़रअंदाज ना करें।

- भाषा के उतार-चढ़ाव से आपके कर्मचारी परिचित हों तथा ग्राहकों

की इन्क्वाइरी को हैंडल करने के लिए अपने कर्मचारियों को प्रशिक्षित करें।

* संचार के क्या, क्यों और कैसे पर ध्यान देना है इसकी ट्रेनिंग स्टाफ के लिए आवश्यक है ।

* टचपॉइंट बिंदुओं का मूल्यांकन की विधि बनाएं और उस पर नज़र रखें।

* अपने ग्राहकों के साथ लंबे समय तक जुड़े रहने और अच्छे रिज़ल्ट पाने के लिए फॉलो अप लेना आवश्यक है।

## टचपॉइंट के प्रकार

## 1. विक्रय का टचपॉइंट

उदाहरण के लिए एक ग्राहक को एक अंगूठी बेची गई और अब आपको मेल खाने वाले ब्रेसलेट को बेचने के लिए एक संवाद प्रक्रिया बनाने की आवश्यकता है| ग्राहक को बताना है कि हमें याद है कि आपने यह अंगूठी हमसे खरीदी थी और आज हम उसी के मैचिंग डिज़ाइन का ब्रेसलेट सामने आया तो हमें इसे आपके साथ शेयर करने का ख्याल आया और इस तरह एक नए संवाद की प्रक्रिया शुरू करें।

## 2. स्मरण का टचपॉइंट

जन्मदिन मुबारक संदेश

केवल व्हाट्स एप पर संदेश न भेजें बल्कि जन्मदिन पर कुछ खरीदने पर कुछ मुफ्त देने की पेशकश भी करें।

इसी तरह वर्षगांठ पर हमारे स्टोर पर आने पर दो लोगों के लिए डिनर या मूवी का मुफ्त उपहार कूपन प्राप्त करने का संदेश भेजें।

## 3. केयर टचप्वाइंट

**सेवा प्रणाली:** आभूषणों में सेवा? आखिर क्या बात है... हाँ, मेरे दोस्त, यह आपके आभूषणों की बिक्री को दोगुना करने का सबसे बड़ा अवसर या मुझे

कहना चाहिए कि सबसे आसान काम है और इसलिए हम सभी को इसे तुरंत शुरू करना चाहिए।

सभी ग्राहकों के लिए एक सेवा कार्यक्रम बनाएं, मुफ्त सेवा बताते हुए वाउचर जारी करें

अब हम सेवा में क्या करेंगे? यहां आपके लिए कुछ विचार हैं-

- नि:शुल्क सेवा कूपन 1 - हीरे के गहनों में कांटों की जांच

- नि:शुल्क सेवा कूपन 2 - स्क्रू / जोड़ों की जांच / सोने और हीरे के आभूषणों के मामले में हुक

- नि:शुल्क सेवा कूपन 3 - नि:शुल्क एक आइटम पोलिश/रोडियम सेवा।

अब जब आप यह पुस्तिका देंगे तो यह चमत्कार कर देगी। हमारी टीम द्वारा विभिन्न दुकानों पर किए गए शोध के अनुसार, जहां हमने इस विचार को लागू किया, इससे पता चला कि 56% ग्राहक अपने गहनों की जांच कराने के लिए दुकान पर आए और जब वे आए तो उनमें से 50% ने दुकान से कुछ-न-कुछ नया खरीदा। क्या यह शानदार नहीं है? इससे न केवल बिक्री बढ़ाने में मदद मिली, बल्कि ग्राहक निष्ठा और निश्चित रूप से मुनाफा भी बढ़ा। कूपन पर वैलिडिटी लिखना ना भूलें ताकि समय- समय पर वे आपके पास आएं और अपने कूपन का उपयोग करें।

आप एक सरल, लागू करने में आसान और कम कीमत वाला टचप्वाइंट देख रहे हैं लेकिन यह बिक्री को परिवर्तित करने का एक उत्कृष्ट तरीका है।

इसके बारे में और अधिक सोचें, नये-नये प्रयोग करें, इस तरह की सेवाओं का विस्तार करें। यकीन मानिये, आप इस खेल में जरूर विजेता बनेंगे।

## 4. फीडबैक टचप्वाइंट

फीडबैक ग्राहक संबंध की रीढ़ है। एक खुश ग्राहक 2 और ग्राहक लाएगा लेकिन एक नाखुश ग्राहक 20 लोगों को इसके बारे में बताएगा और उन्हें आपसे सदा-सदा के लिए दूर कर देगा।

# 5. फॉलोअप टचप्वाइंट

ग्राहक द्वारा उत्पाद खरीदने के बाद, यह जानने के लिए कि क्या सब कुछ ठीक है या उन्हें किसी सहायता की आवश्यकता है या कुछ और खरीदना चाहते हैं, एक साधारण कॉल करना।

फीडबैक प्रोसेस तैयार करने के लिए यहां कुछ उदाहरण दिए गए हैं। आप अपने ग्राहक की ज़रूरतों के अनुसार अपना सेट बनाएं।

क्या आप अपने गहनों को सुरक्षित रखना चाहते हैं?

**अपने आभूषणों को सुरक्षित रखने के सरल उपाय:**

- हमेशा अपने लॉक की दोबारा जांच करें- हमेशा किसी और से यह जांचने के लिए कहें कि लॉक ठीक से लग गया है या नहीं।

- यदि आपके पास पत्थर या हीरे की अंगूठी है, तो हमेशा उसके कांटों की जांच करें, यदि उनमें से कोई भी ढीला है, तो उस आभूषण को न पहनें। इसकी मरम्मत कराने के लिए इसे अपने जौहरी के पास ले जाएं।

- कब्ज़ों, जोड़ों, कांटों की टूट-फूट पर नज़र रखें।

- बेहतर और संपूर्ण जांच के लिए नियमित रूप से हमारे स्टोर पर आएं।

इस तरह के संवाद से अपने ग्राहकों के बीच अपनापन और देखभाल की भावना बढ़ाने में मदद मिलेगी।

आप न केवल बिक्री बढ़ाने, बल्कि मुनाफा बढ़ाने के लिए भी ऐसी ही कुछ बातें सोच सकते हैं और उसे लागू कर सकते हैं।

जब हमारी प्रीमियो ब्रांडिंग टीम ने हमारे डीलर स्टोर्स पर ऐसी तकनीकों को लागू किया तो परिणाम आश्चर्यजनक रूप से प्रभावी निकले। कस्टमर रिटेंशन और रिपीटीशन केवल 4 महीनों में 40% तक बढ़ गई। जब हमने 50 से अधिक टचप्वाइंट लागू किए और पूरे 1 वर्ष के लिए पूर्ण गहन संचालित संचार चैनल (full deep driver communication channel) लागू

किया तो हमारे पार्टनर स्टोर्स की कस्टमर लॉयल्टी काफी अधिक हो गई।

तो आप किस बात की प्रतीक्षा कर रहे हैं......

अपने टचप्वाइंट के सेट को आज ही विकसित करना शुरू करें।

**अभ्यास 1.6:** अपने ग्राहक के साथ संचार का एक प्रवाह बनाएं, ग्राहक के आपके शोरूम में प्रवेश करने से लेकर उसके खरीदारी करने तक और फिर दूसरा चरण जब तक कि वह फिर से खरीदारी करने के लिए आपके स्टोर पर वापस न आ जाए...।

**अभ्यास 1.7:** एक पर्सनलाइज्ड मैसेज का ड्राफ्ट तैयार करें

और उसे 10 ग्राहकों को भेजें।

एक अन्य संदेश का ड्राफ्ट तैयार करें और इसे भेजने के लिए शेड्यूल तैयार करें— जैसे 5 को यह मैसेज, 14 को दूसरा, 27 को तीसरा और इस तरह अन्य। समय पर इन मैसेज की डिलीवरी सुनिश्चित करने के लिए अपने किसी कर्मचारी को यह काम सौंपें।

**विशेष उपहार:** एक विशेष उपहार आपका इंतजार कर रहा है।

एक वैयक्तिकरण संदेश ड्राफ्ट करें और हमें ea@dhanvidiamond.com पर ईमेल करें। और सबसे अच्छे संदेश लिखने वाले को लेखक की ओर से एक सरप्राइज़ गिफ्ट मिलेगा।

तो अब देर किस बात की है?

अभ्यास पूरा करें और आज ही अपने उपहार पर दावा करें...... पर्सनलाइज्ड मैसेज चमत्कार कर सकता है!

अभी उन सभी से संपर्क करें...आपके

ग्राहकों को यह जरूर पसंद आएगा...

# अध्याय - 10

# लॉयल्टी इंजन:
# अपने ग्राहक को शिक्षित करें

मेरे एक मित्र के स्टोर में, हम दोनों 'प्राइस' से जुडी कुछ चुनौतियों पर चर्चा कर रहे थे। हमारे उस मित्र का कहना था कि उनके स्टाफ के कम ज्ञान और अशिक्षित ग्राहकों के करण उनके सेल्स में लगातार कमी हो रही है। छोटी-मोटी चीजों जैसे की 'हॉलमार्क' आदि पर ग्राहकों और उनके स्टाफ का विवाद हो जाता है।

ऐसी विभिन्न घटनाओं से यह महत्वपूर्ण और स्पष्ट है कि कई बार ग्राहक हमारी ईमानदारी पर सवाल उठाते हैं। चाहे हम उन्हें कितनी भी गुणवत्ता वाली चीज़ें क्यों न दे रहे हों, उनकी नज़रों में हमारी चीजों का कोई मोल नहीं होता। तो अब यहाँ पर सवाल यह उठता है कि हम अपने ग्राहक के मन में अपने आपको 'खास' या 'विशिष्ट' बनाने के लिए क्या करें?

अपने ग्राहक को शिक्षित करना ही एकमात्र तरीका है।

## ग्राहकों को अधिक से अधिक जानकारी दें

अपने ग्राहकों को अपने प्रोडक्ट्स और उनकी गुणवत्ता के बारे में अधिक से अधिक जानकारी देकर आप उनकी नजर में एक 'ब्रांड अर्थॉरिटी' बन सकते हैं।

ऐसे क्रिएटिव को व्हाट्स-ऐप या अपने स्वयं के सोशल मीडिया पेज या यू-ट्यूब चैनल या चित्र या सामग्री और किसी भी चीज़ पर बनाएं और उसे शेयर या ब्रॉडकास्ट करें जिससे आपके ग्राहकों की आपके प्रति धारणा में बदलाव आए, उनकी नज़रों में आप एक बेहतर से बेहतर विक्रेता बनकर

उभरें। उनके दिमाग में आपको लेकर या आपके आभूषणों को लेकर जो भी कुछ क्वेरी या नकारात्मक विचार आते हों, स्वतः ही इन सबका उत्तर उन्हें मिल जाए और वे आपको एक अथॉरिटी के रूप में देखने लगें।

## उदाहरण के तौर पर:

- प्रासंगिक हॉलमार्किंग चिह्न दर्शाने वाला क्रिएटिव भेजें।
- आभूषणों पर एच.यू.आई.डी. चिह्न की पहचान करने के चरणों पर एक क्रिएटिव बनाएं।

## स्टोर पर प्रासंगिक जानकारी डिस्प्ले करना

ब्रांड ट्रस्ट बनाने में यह सबसे प्रभावी तकनीक है। अपने ग्राहकों को शिक्षित करने के लिए इनफॉर्मेटिव टेंट कार्ड, ब्रोशर, पंफलेट बनाएं और इन सबके सकारात्मक प्रभाव का आकलन करें।

चूंकि उन्हें आप, उनके लिए आपको लेकर जो परेशानी हो रही है, असहजता का अहसास हो रहा है, उसकी दवा दे रहे हैं, तो निश्चय ही इसका असर दिखेगा। धीरे-धीरे उनको आप पर और ज्यादा भरोसा होना शुरू हो जाएगा और आपकी साख कई गुना बढ़ जाएगी।

आप निम्नलिखित उपाय/प्रयोग कर सकते हैं:

- स्टोर पर हॉलमार्क चिन्ह डिस्प्ले करें
- विभिन्न कैरेट में सही शुद्धता प्रदर्शित करने वाला पोस्टर बनवायें
- डिस्प्ले रिटर्न/एक्सचेंज पॉलिसी डिस्प्ले करें

## डिजिटल रूप से उन्नत (advance) बनें

- **एक डिजिटल माइक्रोस्कोप ख़रीदना** - आप इसे कम से कम 1990/- रुपये में ऑनलाइन खरीद सकते हैं, एक साधारण गैजेट, इंस्टॉल करने में आसान, उपयोग में भी आसान। उन्हें आभूषणों पर सही एच.यू.आई.डी. मार्किंग या हॉलमार्क चिह्न लाइव दिखाएं और उनकी आंखों में जादू देखें।

- **कैरेट-ओ-मीटर ख़रीदना** - तनिष्क ने अपने सोने और ग्राहकों के सोने की शुद्धता दिखाने वाली इस 1 ट्रिक से अरबों रुपये का ब्रांड बनाया और फिर भी हम सोचते हैं कि कैरेट-ओ-मीटर एक महंगी मशीन है।

- **गर्डल व्यूअर खरीदें** - यदि आपको इन-बिल्ट स्क्रीन वाले माइक्रोस्कोप की आवश्यकता है तो यह आपके शोरूम के लिए एक शानदार वस्तु साबित हो सकता है। लागत लगभग ₹30,000 लेकिन डायमंड्स एन सॉलिटेयर्स की जांच के लिए वास्तव में प्रभावी है।

- **हैंड-हेल्ड लाइट मैग्निफायर खरीदें** - यह सबसे सस्ता है और इस गैजेट का उपयोग करना आसान है। लागत लगभग ₹500 – 1000।

- एक नई एल.ई.डी. खरीदें या इन्स्टॉल करें जो आभूषणों पर सामान्य रुचि के लूप वीडियो में चलती है। और प्रत्येक लूप के बाद आपकी पृष्ठभूमि बताने वाला अपना वीडियो चलाएं।

- **डायमंड चेकर खरीदें:** उन्हें दिखाएं कि वे असली हीरा खरीद रहे हैं। डायमंड चेकर पर उस बीप की ध्वनि ग्राहकों की मुस्कान को बढ़ाने का काम करेगी.. इसका ध्यान रखें।

## केयर कार्ड बनाएं

- आभूषण पीढ़ियों से बनते आ रहे हैं। जब हम आभूषण खरीदते हैं तो यह हमारी पीढ़ियों तक पहुंचता है। लेकिन आभूषणों का यह प्रवाह तभी हो सकता है जब आभूषणों को ठीक से संरक्षित और संग्रहित किया जाए।

## गिफ्ट कार्ड का उदाहरण:

## उदाहरण 1:

## आभूषण पहनते समय ध्यान रखने योग्य कुछ बातें:

## पहनने संबंधी युक्तियाँ:

- ❖ आभूषणों को पहने बिना सौंदर्य प्रसाधन लगाएं- आभूषण मेकअप के बाद पहनें।
- ❖ आभूषण पहनते समय कभी भी किसी भी प्रकार की क्रीम या जेल न लगाएं- इन उत्पादों में मौजूद कठोर रसायन आपके आभूषण के रंग को खराब कर सकते हैं।
- ❖ आभूषण पहनते समय किसी भी चिपचिपी चीज जैसे तेल आदि का प्रयोग नहीं करना चाहिए।
- ❖ आभूषण पहनने के बाद कोई स्प्रे या परफ्यूम नहीं लगाना चाहिए।
- ❖ आभूषणों को महीने में एक बार साफ करें।
- ❖ आभूषण पहनकर बर्तन या कपड़े न धोएं- धोने के लिए उपयोग किए जाने वाले उत्पादों में मौजूद कठोर रसायन, जब नियमित रूप से आभूषण के संपर्क में आते हैं, तो वे या तो इसका रंग बदल सकते हैं या फिनिश को खराब कर सकते हैं।

## उदाहरण 2:

## मैं आभूषणों को स्टोर कैसे करूँ?

- ❖ आभूषणों को रखने के लिए सिलोफ़न या ज़िप-लॉक का उपयोग करें।
- ❖ चांदी, सादे सोने या हीरे के आभूषणों के लिए सिलिका जेल पाउच का उपयोग करें। हर एक आभूषण के डिब्बे में एक सिलिका जेल की थैली रखें। सिलिका जेल थैली बॉक्स में नमी को सोख लेगी।
- ❖ ऐसे आभूषणों के साथ सिलिका जेल का उपयोग न करें जिनमें कीमती या अर्ध-कीमती पत्थर हों।

* आभूषणों को कभी भी मखमली बक्सों में न रखें, इसकी जगह प्लास्टिक, लकड़ी या धातु के बक्सों का उपयोग करें।

* आभूषणों को रखने के लिए कभी भी रुई आदि का प्रयोग न करें।

* सभी प्रोडक्ट्स को अलग-अलग पैक करें- कभी भी दो प्रोडक्ट्स को एक साथ न रखें। उन्हें एक-दूसरे को खरोंच से बचाने के लिए अलग-अलग डिब्बों का उपयोग करें।

* आप उनके लिये ऑफर मेसेज भी दे सकते हैं जैसे कि "आप हमारी ...... (कंपनी का नाम) के परिवार के सदस्य हैं, मुफ्त स्टोरेज पैकेट या सेलोफेन के लिए हमारे स्टोर पर जरूर आएं और "सिर्फ आपके लिए तैयार किया गया यह गिफ्ट पैक" आपको देने में हमें अत्यंत प्रसन्नता होगी।

और इस तरह के छोटे प्रयासों से आप अपने आभूषण स्टोर में ग्राहकों की संख्या में काफी बढ़ोतरी ला सकते हैं। आप इस तरह के तरीके अपनाकर लोगों को अपने बारे में बता रहे हैं, उन्हें शिक्षित कर रहे हैं।

अपने कर्मचारियों को इसी तरह से तैयार करें, या प्रशिक्षित करें। पहले उन्हें ही शिक्षित करें, फिर ग्राहकों को शिक्षित करने की ट्रेनिंग दें।

जब आप अपने ग्राहकों को शिक्षित करना शुरू कर देंगे, तो वे आपको दूसरों से अलग और एक ब्रांड की अथॉरिटी के रूप में देखेंगे।

अभ्यास 1.8: अब आप इन तरीकों और उपायों का उपयोग कर अपना स्वयं का कार्ड बना सकते हैं, लोगों को बांट सकते हैं।

## मंत्र 4: "आप जितना अधिक अपने ग्राहकों को शिक्षित करेंगे, उतना अधिक आप उनके अंदर विश्वास पैदा कर पाएंगे"

# अध्याय - 11

# अपने स्तर को ऊपर ले जाने का समय

मेरे दोस्तों, यह सही समय है। आभूषण क्षेत्र बड़े बदलाव के दौर से गुजर रहा है। इसमें बड़ा बदलाव हो रहा है। आज लिया गया निर्णय हमारा भविष्य तय करेगा कि हम इस परिवर्तन का हिस्सा बनेंगे या यह परिवर्तन हमें बाहरी व्यक्ति समझ कर निकाल देगा। चेन स्टोर्स और ब्रांडों की बाढ़ निश्चित रूप से हमें बहा ले जाएगी।

अगर आपका ज्वैलरी बिजनेस बढ़ नहीं रहा है बल्कि सिकुड़ रहा है तो एक दिन इसका खत्म होना भी तय है। क्योंकि जो भी सिकुड़ता है उसका समाप्त होना भी लगभग निश्चित है।

हम कुछ महत्वपूर्ण बिंदुओं और प्रमुख क्षेत्रों पर चर्चा करेंगे जिन पर आपको तुरंत ध्यान देने की आवश्यकता है। साथ ही हम इस पर भी चर्चा करेंगे कि अपनी चीजों को आप एक-एक करके कैसे कर सकते हैं। हमारे बताए गए निर्देशों और तौर तरीकों का पालन करते हुए आप निश्चित रूप से अधिक जागरूक होंगे और अपनी चीज़ों पर अधिक नियंत्रण रख पाएंगे...

आइए, शुरू करें। कुछ बड़ा करने का समय आ गया है।

### मंत्र 5: " लीग बदलने, बड़ा खेल खेलने का समय"

## अपना स्तर बढ़ाएं

अधिग्रहण (acquisition) की तलाश करें, ब्रांड्स के साथ संयुक्त उद्यम की तलाश करें। प्रशिक्षण, व्यवसाय विश्लेषकों की तलाश करें जिनके माध्यम

से आप वास्तव में काम में बदलाव ला सकते हैं। भले ही आप अपना खुद का ब्रांड बनाने और वहां तक काम करने की उम्मीद कर रहे हों, फिर भी आप ऐसे उद्यमों से सीख सकते हैं और फिर सही समय पर अपने आप को बेहतर स्थिति में ला सकते हैं।

जब आप किसी ब्रांड के साथ हाथ मिलाएंगे तो आपको बहुत सारी नई चीजें सीखने को मिलेंगी जिनमें से कुछ इस प्रकार है-

- वे अपनी ब्रांड पोजीशनिंग कैसे करते हैं?

- वे स्टॉक प्रबंधन पर कैसे काम करते हैं?

- वे कर्मचारियों के प्रशिक्षण और संरेखण (training and alignment) को कैसे संभालते हैं?

- मार्केटिंग के लिए कौन सा माध्यम चुनें?

- हमारे ग्राहक को जो हमारे स्टोर तक खींच लेके आए, उसके लिए हमें कैसा मैसेज तैयार करना है?

- किस प्रकार के ग्राहकों को टारगेट करने की आवश्यकता है?

- संवाद का सही तरीका क्या है?

- वे किस मार्केट कॉलेटरल का उपयोग करते हैं?

- सही जानकारी कैसे डिज़ाइन करें और उन्हें सही स्थान पर कैसे रखें?

और उससे भी बहुत आगे... ब्रांडिंग मौजूदा बाजार की आवश्यकताओं के अनुसार चीजों को तैयार करने का एक वैज्ञानिक तरीका है और इसमें गहन शोध और विश्लेषण शामिल हैं। वैसे आप ऐसा करने में वर्षों लगा सकते हैं लेकिन एक जौहरी के रूप में मुझे पता है कि आपके पास इतना रिसर्च करने के लिए ज्यादा समय नहीं है इसलिए इसे करने का यह सबसे अच्छा तरीका है।

**आइए आगे साथ बढ़ते हैं .....**

# स्टाफ ट्रेनिंग और एलाइनमेंट

अपने कर्मचारियों को प्रशिक्षण देकर और उन्हें अपनी कंपनी के विकास के साथ जोड़कर उनके स्तर को बढ़ाएं। यह महत्वपूर्ण है कि सभी लोग कंपनी को अपना मानें। वे किसी भी कंपनी के लिए बहुत ही महत्वपूर्ण होते हैं। वे इसे बना सकते हैं और बिगाड़ सकते हैं। यदि आपके आस-पास सही लोग नहीं हैं तो वे आगे नहीं बढ़ेंगे और आपकी कंपनी को भी बढ़ने नहीं देंगे।

- अपने कर्मचारियों के लिए एक मजबूत ट्रेनिंग प्रोग्राम तैयार करें।

- उन्हें अपनी कंपनी के मूल्यों और नैतिकताओं के अनुरूप बनाएं।

- उन्हें कंपनी के मिशन और विजन के बारे में शिक्षित करें।

- उन्हें अपने जीवन का मिशन और विजन बनाने के लिए कहें।

- उन्हें उनकी उन्नति और सफलता का मार्ग दिखायें।

- उन सबके विकास के लिये एक हाइरार्की तैयार करें और लोगों को इसके हिसाब से तरक्की करने के लिए प्रेरित करें

- प्रत्येक कर्मचारी के लिए उनकी भूमिका और जिम्मेदारी की योजना बनाएं और उसका खाका तैयार करें।

- प्रमुख कर्मचारियों और मार्गदर्शकों के साथ लगातार बैठकें करें और टीम के प्रोग्रेस को मानिटर करें। उन्हें अपने अनुभवों से सीखने का अवसर दें।

ये कुछ चीजें हैं जिन का उपयोग आप अपने स्टाफ को एकजुट करने, प्रेरित करने और अपने मिशन और विजन को हासिल करने के लिए कर सकते हैं। याद रहे, हमारे स्टाफ ही हमारी ग्रोथ इंजन का सबसे महत्वपूर्ण हिस्सा हैं। अगर उनका समुचित उपयोग हम नहीं कर पाए, तो ग्रोथ का ये इंजन रुक जाएगा। ये लोग ही बड़े से बड़े काम को अंजाम देंगे, चीजों को लागू करेंगे और लक्ष्य को पूरा करेंगे।

याद रखें स्टाफ ही आपकी अंतिम सफलता की कुंजी है।

## अभ्यास 1.9

❖ सोने के आभूषणों की गणना के लिए प्रशिक्षण की श्रृंखला बनाएं।

❖ हीरे के आभूषणों की गणना के लिए प्रशिक्षण की श्रृंखला बनाएं।

# सिस्टम

जब आपके साथ सही लोग जुड़ जाते हैं तो अगली बड़ी जरूरत होती है सिस्टम की। आपको एक ऐसा सिस्टम डेवलप करने की आवश्यकता होगी जो सभी स्टाफ की परफॉर्मेंस को ट्रैक और ऐनालाइज करे और उसे बेहतर बनाने के प्रभावी उपाय सुझाए।

आगे बढ़ने के लिए एक ऑटोमेटेड सिस्टम का चुनाव करें। अपनी बिज़नेस दक्षताओं को बढ़ाने के लिए सॉफ्टवेयर, एक्सेल पावर आदि का उपयोग करें।

अपने स्टाफ के काम में नयापन और पैनापन लाने के लिए कुछ आवश्यक सिस्टम की सूची:

- **स्टॉक एनालिसिस सिस्टम** - क्या बिक रहा है, क्या खरीदना है और क्या नहीं खरीदना है

- **स्टाफ परफॉरमेंस सिस्टम** - कौन कैसा काम कर रहा है

- संपूर्ण आभूषण रेंज के साथ लाइव वेबसाइट और लाइव स्टॉक इंटरनेट पर उपलब्ध है।

- **सोशल मीडिया** - अपने फेसबुक और इंस्टाग्राम पेजों को लाइव और अपडेटेड बनाएं।

- **व्हाट्सएप** - अपना स्टेटस नियमित रूप से अपडेट करें और इसे बिज़नेस मोड में अपग्रेड करें।

- **रेगुलर मार्केटिंग सिस्टम** - जहां आप लगातार अपने ग्राहकों के संपर्क में रहते हैं।

ग्रोथ के लिए आवश्यक सिस्टम की संख्या असीमित है। लेकिन मेरा सुझाव है कि एक-एक करके लागू करें और केवल आवश्यक सिस्टम ही लागू करें।

आप अपनी आवश्यकता और स्तर के अनुसार इस सिस्टम को और भी बड़ा बना सकते हैं।

सही लोगों और सिस्टम के साथ आप अपने बिज़नेस को बुलंदियों तक ले कर जा पाएंगे।

## डेटा मास्टरी

डेटा प्रबंधन सबसे बड़ी खान है, आपकी सफलता की कुंजी है।

आपको अपने ग्राहकों और प्रोडक्ट्स के डेटा प्रबंधन में महारत हासिल करनी होगी। अपील, फोटोग्राफी, विवरण, पेशेवर उत्पाद फोटोशूट, पेशेवर मॉडल फोटोशूट, ये सभी डेटाबैंक के प्रबंधन के आवश्यक तत्व बन जाते हैं। यह प्रोडक्ट्स डेटाबैंक आपकी टीम के पास संपूर्ण विवरण के साथ आसानी से उपलब्ध होना चाहिए। चाहे कुछ भी हो, डेटा को प्रबंधित करने में आपको मास्टर बनने की जरूरत है।

सही डेटा बनाए रखना एक कला है. बाज़ारों में उपलब्ध किसी भी सी.आर.एम. के माध्यम से डेटा को प्रभावी ढंग से प्रबंधित करें। आपके ग्राहकों के डेटा को प्रबंधित करने के लिए बाज़ार में बहुत अच्छे सॉफ़्टवेयर उपलब्ध हैं। डेटा चोरी से सावधान रहें क्योंकि वहाँ कई सॉफ़्टवेयर दलाल बैठे हैं।

आप इस डेटा को एक्सेल फ़ाइलों पर आसानी से संरक्षित कर सकते हैं, लेकिन उन्हें क्लाउड पर रखना न भूलें।

### अभ्यास 1.10: डेटा नमूना फ़ाइल बनाएँ

| नाम |
| --- |
| टेलीफोन नंबर |
| मोबाइल नंबर |
| पता |
| जन्मदिन |

| सालगिरह |
| --- |
| लोकेशन |
| टिप्पणी |

आज से ही अपने कर्मचारियों से एक्सेल फ़ाइल में लिखना/ सेव करना शुरू करने के लिए कहें।

## अभ्यास 1.11: एक्सेल शीट पर डेटा बैंक बनाएं

इन सब प्रयासों और तरीकों का एक मात्र उद्देश्य है: खुद को भीड़ से अलग करना। अगर आपने इन्हें सफलतापूर्वक कर लिया, तो निःसंदेह आप बाजार में बढ़त बनाने और अपना सिक्का जमाने में सफल हो जायेंगे। आप अगले 3-6 महीनों के भीतर उच्च मार्जिन वाली आभूषण बिक्री बढ़ाने में और सक्षम होंगे।

बहुत खूब...। मेरा मानना है कि ये सब बातें सचमुच बड़े ही काम की हैं। आप क्या सोचते हैं?

निःसंदेह यह एक समय लेने वाला (time taking), श्रमसाध्य काम है लेकिन इसके परिणाम और नतीजे आश्चर्यजनक रूप से अच्छे हैं।

और मैदान को सही ढंग से सेट करने, और गेम की शुरुआत करने का यही सही समय है।

ये सब आपको एक ही साथ शुरू करने की आवश्यकता नहीं है। छोटे-छोटे ही कदम उठाएँ, लेकिन रोज।

याद रखें प्रतिदिन 1 कदम = आज से 365 कदम आगे। बस 1 अध्याय उठाएँ और उस पर अमल करना शुरू करें...।

# अध्याय - 12

# अपनी स्मृति को ताजा कर लें

आइए, अपनी की स्मृति को ताजा करें... हमने यहां तक पूरी किताब में क्या सीखा।

कोई भी अपने आप को एक ब्रांड के रूप में स्थापित कर सकता है। बस एक प्रक्रिया है जिसका आपको पालन करना होगा। हालांकि यह एक धीमी और क्रमिक प्रक्रिया है और इसे रातोंरात हासिल नहीं किया जा सकता है, लेकिन पुस्तक में बतायी गयी तकनीकों को अपनाकर इसे प्रभावी रूप से लागू करने वालों को ये निश्चित सफलता की गारंटी देगा।

लेखक प्रमुख रूप से 5 चीजों पर ज़ोर देते हैं और यदि आप इन 5 चीजों को बदल सकते हैं तो आप अपनी ग्रोथ को दोगुना कर सकते हैं और अपने लक्ष्य तक पहुंचने में लगने वाले समय को आधा कर सकते हैं।

तो आइए, अब तक हमने जो हासिल किया है उसे एक बार जल्दी से दोहरा लें।

इस पुस्तक में लेखक अपने जीवन के बारे में बताते हुए कहता है कि कैसे उसने और उसके पिता ने शुरुआती वर्षों में संघर्ष किया और फिर वे किसी भी सफल जौहरी के पीछे के सच्चे रहस्यों को खोजने के लिए एक अलग अज्ञात रास्ते पर निकल जाते हैं। उन्होंने इस बात पर भी प्रकाश डाला है कि कैसे एक जौहरी लगातार घटते मार्जिन और ग्राहकों की घटती संख्या से जूझ रहा होता है। याद कीजिए चैप्टर-4 का वो प्रैक्टिस सेट 1.1., आपसे आग्रह है कि उस प्रैक्टिस (एक्सरसाइज) को जरूर पूरा करें। उसमें आजकल जो मार्जिन और कमाई घट रही है उसका ही उल्लेख है।

लेकिन बड़ा सवाल यह है कि इस स्थिति में क्या किया जाए? और इसके बारे में कैसे जाना जाए?

वास्तविकता यह है कि आभूषण उद्योग में टॉप 15 नाम लगभग 9% सी.ए.जी.आर. की दर से अपनी बाजार हिस्सेदारी बढ़ा रहे हैं और ये सब स्थानीय या पारिवारिक आभूषण व्यापारी की जगह ले रहे हैं।

लेखक 5 बुनियादी बदलावों के बारे में बात करते है जो प्रायः प्रत्येक जौहरी के लिए अनुकरणीय है ताकि वे अपनी मौजूदा स्थिति को बेहतर से बेहतर बना सकें।

आइए, इन सब पर संक्षेप में चर्चा करें।

- अपने शोरूम की सेटिंग बदलें, सेटिंग से हमारा मतलब वहाँ के वातावरण से है। अपनी सेटिंग सही करने से आपको अपने ग्राहक की अधिक विश्वसनीयता हासिल करने में मदद मिलेगी।

## मंत्र: सही सेटिंग ही सफलता की कुंजी है।

- सही डिस्प्ले चुनें, चाहे वह कोई प्रॉडक्ट डिस्प्ले हो या फिर इन्फॉर्मेशन डिस्प्ले। जब आप इसे सही तरीके से करते हैं तो ग्राहक को खरीदारी के लिए अधिक विकल्प और कारण मिलते हैं।

## मंत्र: "जो दिखेगा, वही बिकेगा"

क्या डिस्प्ले किया जाना है और कैसे डिस्प्ले किया जाना है, इसके बारे में एक सिस्टम बनाएं।

- अपने ग्राहकों के दिलों दिमाग में अपनी जगह बना लें। अपने ग्राहकों के साथ निरंतर संपर्क में रहें, बातचीत करते रहें, उन्हें अपने और अपने उत्पादों और सेवाओं के बारे में याद दिलाते रहें।

## मंत्र: "ग्राहक से निरंतर वार्तालाप सबसे अधिक ध्यान आकर्षित करता है"।

अपने ग्राहक के साथ प्रभावी संचार विकसित करने के लिए एक रणनीति बनाएं।

- अपने ग्राहक को शिक्षित करने से आपको अपने ग्राहक का विश्वास बड़े स्तर पर हासिल करने में काफी मदद मिलेगी। अपने ग्राहकों को प्रासंगिक जानकारी दिखाना या देना शुरू करें। अपने ग्राहकों के दृष्टिकोण में अधिक पारदर्शिता लाने पर ध्यान दें और फिर इसका जादुई प्रभाव देखें।

## मंत्र: "आप अपने ग्राहकों को जितना अधिक शिक्षित करेंगे, उतना अधिक आप उनके विश्वास का पात्र बनेंगे "

- उचित ब्रांड पोजिशनिंग, प्रभावी स्टॉक प्रबंधन, प्रभावी डेटा हैंडलिंग, सही संदेश और संचार का सही तरीका चुनकर, एक मजबूत स्टाफ प्रशिक्षण कार्यक्रम बनाएं और अपने आप को एक ब्रांड बनाने की राह को आसान बनाएँ।

## मंत्र: "बड़ा खेल खेलने का समय अभी है"

ये सभी, इस पुस्तक में अब तक चर्चा की गई कुछ महत्वपूर्ण बातें या मुख्य अंश हैं। मैं तेजी से 'रिज़ल्ट' पाने के लिए इन सभी को तुरंत लागू करने का आग्रह करता हूँ।

याद रहे:

## "चीजों को जानना नहीं, बल्कि उसे लागू करना महत्त्वपूर्ण है"

तो आपका क्या ख्याल है?

# अध्याय - 13

# फाइनल च्वाइस

अभी नहीं तो कभी नहीं... लोग कहते हैं कि भाग्य पहले ही लिखा जा चुका होता है। लेकिन मेरा मानना है कि किसी विशेष क्षण में आप जो निर्णय लेंगे, वही परिणाम तय करेगा। और अंत में जिसे हम भाग्य कहते हैं... उससे हम खुद लिखते हैं, सही समय पर सही निर्णय लेकर।

## NOW

### अब आपके पास दो विकल्प हैं

**पहला विकल्प:** निराशा, तनाव, चिंता, संघर्ष और भय के साथ आप वैसे ही काम करते रहें जैसे आप इतने वर्षों से करते आ रहे हैं।

### या फिर

**दूसरा विकल्प:** मौज-मस्ती, आनंद, खुशी और चिंतामुक्त जीवन पाने के लिए मजबूत प्रक्रियाओं, प्रणाली (system) और टीमों का निर्माण करके सफलता सुनिश्चित करें।.

आप क्या विकल्प चुनेंगे?

यदि यह विकल्प नंबर 1 है तो यह पुस्तक यहीं समाप्त होती है।

**या**

यदि आप दूसरा विकल्प चुनना चुनते हैं तो आपके पास वास्तव में कुछ खास है, एक अनूठा अवसर, आपके बिज़नेस को बुलंदियों तक लेकर जाने वाला।

सबसे पहले, एक विकल्प चुनें और लिखें:

मैं ________________ विकल्प को चुन रहा हूँ।

यदि यह विकल्प 1 है तो आपकी हमारी मुलाकात यहीं तक थी। आप पुस्तक के अंतिम पड़ाव तक आ पहुंचे हैं और इससे आगे आपके लिए कुछ नहीं है।

लेकिन, यदि यह विकल्प संख्या 2 है तो आपको पुस्तक पढ़ना जारी रखना चाहिए और एग्ज़िक्यूशन के अगले स्तर पर आगे बढ़ना चाहिए और अपने सपनों का जीवन जीने के लिए हमारे साथ अपने काम करने के ढंग में बेहतरी लाने के लिए तैयार हो जाना चाहिए।

यदि आप इस पेज पर हैं, तो इसका मतलब है कि आपने चॉइस नंबर 2 चुना है।

अवसरों से भरी इस दुनिया में आपका स्वागत है।

सबसे पहले, मैं आपको पुस्तक के इस 'सेक्शन' तक आने के लिए बधाई देना चाहता हूँ। क्योंकि अपने भविष्य के निर्माण के लिए काम करने और नए युग के अनुकूल खुद को और अपने व्यवसाय को बदलने का विकल्प चुनना कोई आसान निर्णय नहीं है। इसके लिए बहुत अधिक काम, ध्यान, साहस और निश्चित रूप से लगन की आवश्यकता होती है।

अब आप आभूषण व्यवसाय में सफल होने से संबंधित पुस्तक में लिखे गए सभी रहस्यों को जान चुके हैं।

लेकिन, आपकी मौजूदा स्थिति को ध्यान में रखते हुए, अप्रशिक्षित कर्मचारी, और चीजों को लागू करने में देरी, दो ऐसी बड़ी चुनौती हैं जिनका आपको सफलतापूर्वक सामना करना है।

अब निर्णायक सवाल यह है कि

इसे कैसे करना है? और

कहाँ से शुरू करें?

मैं चाहूंगा कि आपको ट्रस्ट (T.R.U.S.T.) फ्रेमवर्क - 5.0 से परिचित कराया जाए

यह फ्रेमवर्क विशेष रूप से खुदरा आभूषण दुकानों के आभूषण व्यवसाय के लिए बनाया गया है। यह आपको अपने लक्ष्यों को तेजी से और अधिक प्रभावी तरीके से प्राप्त करने में मदद करेगा। इस सिस्टम को समझना बेहद आसान है ---आपको किसी भी जानकारी या रिसर्च आदि की जरूरत नहीं होगी क्योंकि यह "स्पून फीडिंग" की तरह है। आपको बस चीजों को लागू करने और मनचाहा रिज़ल्ट पाने के लिए इस सिस्टम का उपयोग करना है।

'ट्रस्ट (T.R.U.S.T.) फ्रेमवर्क आपको निम्नलिखित बड़ी उपलब्धियां हासिल करने में मदद करेगा -

- पहले 6 महीनों में ग्राहकों की संख्या में 50% तक की बढ़ोतरी।

- 1 वर्ष के भीतर मुनाफ़े में 100% तक की वृद्धि।

- ग्राहक प्रबंधन के मजबूत सिस्टम का निर्माण करें।

- अपने स्टॉक प्रबंधन पर व्यावहारिक डेटा सिस्टम का निर्माण ।

- लोगो से लेकर वेबसाइट, मोबाइल एप्लिकेशन से लेकर ऑनलाइन सोशल मीडिया उपस्थिति तक अपने वर्क एनवायरनमेंट का निर्माण।

- आपके स्टाफ प्रशिक्षण मॉड्यूल और अन्य स्टाफ से संबंधित सिस्टम।

- और भी बहुत कुछ क्योंकि यह तो बस एक शुरुआत है.......

## इन सब की मदद से आप बन जाएंगे एक

## .......... ब्रान्ड

## अब... आप में से उपहार किसे पसंद हैं?

## आपका नाम लिखिए .......................................

## (यदि आपको उपहार पसंद है तो)

इस पुस्तक की सभी महत्वपूर्ण बातों को गहराई से जानने और उसका उपयोग करने के लिए इस विषय पर बेहतर स्पष्टता हासिल करने के लिए लेखक के साथ एक घंटे का ऑनलाइन "डिस्कवरी" सेशन शेड्यूल कर सकते हैं।

हम इस विषय पर आपको पूरी जानकारी देंगे, आपकी चुनौतियों पर चर्चा करेंगे, आपकी क्वेरी का जवाब देंगे, और आपकी समस्या का समाधान निकालेंगे।

हालाँकि इस सत्र से मिलने वाली जानकारी की कीमत लाखों में है, लेकिन अपने पाठकों को यह सेशन उपहारस्वरूप केवल 4990/- रुपये में दिया जा रहा है ...

तो तुरंत रजिस्टर करें......

अब यह जैकपॉट का समय है...

जैसा कि मैंने कहा मैं आपका स्पेशल गिफ्ट देना चाहता हूँ.......

एक मूल्यवान पाठक के रूप में हम आपको यह विशेष जानकारी देना चाहेंगे कि ये इस सत्र के लिए स्पेशल ऑफर सिर्फ आपके लिए, केवल रु.99/- में!

हाँ, आपने सही पढ़ा, लेखक के साथ मात्र 99/- रुपये में पूरा 60 मिनट का सत्र। यह पूरे जीवन में एक बार आनेवाले अवसर के जितना मूल्यवान और दुर्लभ है।

तो इंतजार न करें, अभी रजिस्टर करें.......

नीचे पंजीकरण लिंक दिया गया है।

आप बस क्यूआर कोड को स्कैन कर सकते हैं और पंजीकरण करने के लिए फॉर्म भर सकते हैं। और हम आपके लिए लेखक से मिलने का एक सुविधाजनक दिन और समय निर्धारित करेंगे।

इसे स्कैन करें................

जीवन में एक बार मिलने वाले इस वन-टू-वन सेशन के अवसर को हाथ से न जाने दें क्योंकि जिन लोगों ने इसमें भाग लिया है, उन्हें इससे लाखों से भी अधिक का वैल्यू मिला है।

तो आइए, हम आपके व्यवसाय के विकास और सफलता की दिशा में जीवन बदलने वाली इस यात्रा की शुरुआत करें और अपने जीवन को आनंद और उल्लास से भरपूर बनाएं।

# समापन

यह स्पष्ट है कि आभूषण खुदरा उद्योग असंगठित से संगठित तरीके से काम करने के तरीके में एक बड़े बदलाव के दौर से गुजर रहा है। सरकारी नीतियां भी इसी बदलाव की ओर इशारा रही हैं। 2016 में एक्साइज ड्यूटी, 2016 में डीमॉनेटाइजेशन, 2021 में अनिवार्य एच.यू.आई.डी. मानदंड और पिछले कुछ वर्षों में आभूषण क्षेत्र पर लगाए गए अन्य मानदंड और नियम, इस उद्योग से जुड़े संगठित खिलाड़ियों के पक्ष में दिखाई पड़ रहे हैं। इसलिए, अब समय आ गया है कि हम ज्वैलर्स इन मानदंडों और मानकों के अनुरूप खुद को ढालें और काम करने के संगठित तरीके को अपनाएं।

और निश्चित रूप से भविष्य हमारे एक निर्णय पर आधारित है। हम यहां अपनी पहचान बनाने आए हैं और यह एक निर्णय हमारे व्यवसाय को हमारी आने वाली पीढ़ियों तक लेकर के जा सकता है।

अंत में मैं आपको हृदय से धन्यवाद देना चाहता हूँ। यह पुस्तक कोई सिद्धांत नहीं बल्कि एक व्यावहारिक दृष्टिकोण है जिसे मैंने स्वयं जिया है और बड़े परिणाम प्राप्त किये हैं। अब आपकी बारी है......

हैप्पी ज्वैलिंग्गग...... स्नेह के साथ

- सौरभ ए खंडेलवाल

# TRUST फ्रेमवर्क

TRUST फ्रेमवर्क हमारे जेवेलरी के बिज़नेस में 3X तेजी से विकास लाने की कुंजी है।

हमने (TRUST) बनाया है, ताकि हमारे ज्वेलर समुदाय को व्यावहारिक फायदा मिले।

(T) **ट्रेंड्स** - क्वालिटी और डिज़ाइन के ट्रेंड्स को आंकने के तरीके ।

(R) **रिलेशनशिप** - ग्राहकों से सम्बन्ध (रिलेशनशिप) बनाने के लिए उठाए जाने वाले कदम ।

(U) **यूजर-सेंट्रिक** - यूजर को ध्यान में रखते हुए स्टॉक तैयार करना और अपने कैपेक्स को कम करना।

(S) **स्किल सेट** - स्टाफ को तकनीकी मामलों को सँभालने के तरीकों को सीखने के लिए बढ़ावा देना ।

(T) **ट्रांसफॉर्म** - आपके शोरूम का आंतरिक और बाहरी परिवर्तन ।

**ट्रस्ट फ्रेमवर्क के बारे में और जानने के लिए, आज ही हमारे साथ नीचे दी हुई मेल आईडी पर सम्पर्क करें**

care@dhanvidiamond.com

# मिलिए सौरभ ए खंडेलवाल से

एक सेल्फ-स्टार्टर, एक शिक्षार्थी, एक रणनीतिकार, एक सपने देखने वाला और एक गेमचेंजर, एक जौहरी।

मेरा मानना है कि किसी भी व्यवसायी के लिए किसी भी क्षेत्र में सफलता पाने के लिए फोकस ही एकमात्र हथियार है, लेकिन फोकस को एक निर्देशित फोकस की आवश्यकता है क्योंकि केवल सही दिशा ही सही और फलदायी परिणाम निर्धारित करेगी। मिसगाइडेड मिसाइल नहीं, गाइडेड मिसाइल बनना होगा।

मेरी कंपनी हीरे और सोने के आभूषण बनाती है और धान्वी और प्रीमियो के दो प्रमुख नामों के तहत ज्वैलर्स को कुशल ज्वैलर मैनेजमेंट सर्विस देती है।

मेरा मानना है कि कोई भी व्यक्ति सफल हो सकता है, आपको केवल एक ही जादुई चीज़ की आवश्यकता है वह है " किसी एक चीज़ पर फोकस करना"।

मैं बहुत अमीर हूँ---जीवन का आनंद लेता हूँ –खुशियां फैलाता हूँ—सबसे प्यार करता हूँ --- पीढ़ियों तक याद रखने के लिए एक विरासत बनाने वाला हूँ।

मेरा उद्देश्य ऐसे लोगों के जीवन में सकारात्मक बदलाव लाना है जो उत्कृष्टता हासिल करने और अपनी छाप छोड़ने के इच्छुक हैं।

मुझे तैराकी, स्कूबा, राइफल शूटिंग, ट्रैवलिंग, इन सभी का शौक है।

# जीवन का "A" फैक्टर

मैंने जीवन में हमेशा क्लास पर फोकस किया है क्यूंकि मेरा मानना है कि आप जिस पर जितना फोकस करते हैं, वह उतना ही बढ़ता है...

- ए क्लास फोकस
- ए क्लास साथी (मित्र)
- ए क्लास लक्ष्य
- ए क्लास सपने
- ए क्लास उद्देश्य
- ए क्लास व्यक्तित्व
- ए क्लास दोस्त
- ए क्लास कंपनी
- ए क्लास सफलता
- ए क्लास सब कुछ

आखिर में..........

जीवन में हमेशा क्लास रहें, कम से कभी संतुष्ट न हों.... भगवान आपका भला करे ।

धन्यवाद